Christina Herr

Mamaglück

Kleine Schätze im Alltagstrubel

neukirchener
aussaat

FSC
www.fsc.org
MIX
Papier aus verantwortungsvollen Quellen
FSC® C014138

Bibliografische Information der Deutschen Nationalbibliothek:
Die Deutsche Nationalbibliothek verzeichnet diese Publikation in der Deutschen Nationalbibliografie; detaillierte bibliografische Daten sind im Internet über http://dnb.d-nb.de abrufbar.

Gesamtgestaltung: Eleonora Reimer, Dortmund, www.inteamdesign.de
unter Verwendung von Bildern © www.123rf.com, © Eleonora Reimer
Lektorat: Ruth Atkinson, Neukirchen-Vluyn
Verwendete Schriften: Calibri, Kitten
Gesamtherstellung: FINIDR, s.r.o.
Printed in Czech Republic
ISBN 978-3-7615-6390-8

www.neukirchener-verlage.de

Für meine Mama Conny

Einer wundervollen Mutter,
der ich eine Kindheit voller schöner
und unvergesslicher Momente verdanke
und von der ich so viel Wertvolles
für mein Mama-Sein gelernt habe

Liebe Leserin!

Ich möchte dir gratulieren: Ich beglückwünsche dich zu deinem Mama-Sein!
Wenn ein Kind seinen Geburtstag feiert, gratuliert man ihm zu seinem Ehrentag, wünscht ihm ein segensreiches neues Lebensjahr und beschenkt es reichlich. Als Mutter wirst du am Feiertag deines Kindes nur selten mit Glückwünschen bedacht, von Geschenken ganz zu schweigen. Und dabei hättest du dir einen Strauß an guten Wünschen und wertschätzenden Worten verdient – nicht nur am Geburtstag deines Kindes oder am Muttertag. Schließlich bist du es, die dein Kind auf die Welt gebracht hat, die es erzieht, prägt und mit Liebe überschüttet. Das, was du als Mama täglich vollbringst, ist großartig und unschätzbar wertvoll, auch wenn du dir dessen nicht immer bewusst bist. Dein Mama-Sein ist ein Grund zum Feiern, ein Grund, dich zu feiern – am Geburtstag deines kleinen Schätzchens und an jedem anderen Tag.

Dieses Buch möchte dir deutlich machen, wie wichtig du als Mutter bist, wie wertvoll die kleinen und großen Dinge sind, die du jeden Tag für dein Kind, deine Kinder tust. Die Texte in diesem Buch möchten dich einladen, die kleinen Schätze, die sich oft im Alltag verstecken, wahrzunehmen und bewusst zu genießen. Die Geschichten, Gedichte und Impulse möchten dich ermutigen, inmitten des Alltagstrubels innezuhalten, Atempausen einzulegen und dich selbst als Persönlichkeit nicht aus den Augen zu verlieren. Denn im Mama-Sein liegt doch trotz aller Herausforderungen ein großes Glück verborgen!

Ich wünsche dir, dass du viele schöne Mama-Momente mit deinen Kindern erlebst, dein Mama-Sein in vollen Zügen genießen kannst und immer wieder mit einer großen Portion Mamaglück erfüllt wirst!

Herzlich,
Christina Herr

Alles, was ich bin
oder was ich hoffe,
jemals zu werden, verdanke ich
meiner Mutter.

Ich erinnere mich
an ihre Gebete,
und sie sind mir immer gefolgt,
sie sind mir mein Leben lang
treu geblieben.

Abraham Lincoln

Wenn Kinder den Begriff Mutter erklären ...

„Eine Mutter ist jemand, der einem Kind zum Beispiel Essen macht. Eine Mutter ist nett. Eine Mutter ist ein Mensch. Eine Mutter pflegt gut."
(Simeon, 6 Jahre)

„Die ist wichtig und sie macht fast alles für ihr Kind."
(Hanna, 8 Jahre)

„Sie hat ein oder mehrere Kinder und ist damit beschäftigt, sie großzuziehen und zu erziehen, und sie zu beschützen und für sie zu sorgen."
(Lilli, 11 Jahre)

„Das ist eine Aufpasserin für Kinder."
(Carla, 6 Jahre)

„Eine Mama ist ein Familienteil, eine Person, die immer für einen da ist und auf die man sich immer verlassen kann."
(Jacob, 10 Jahre)

„Eine Mutter ist weiblich, sie ist meistens nett, kann böse werden und verbietet einem manchmal Sachen und sie erlaubt einem Sachen. Und sie gibt viel Geld für einen aus."
(Louis, 10 Jahre)

„Eine Mama ist jemand, der auf dich aufpasst, und der dich geboren hat."
(Max, 8 Jahre)

Mutter sein heißt, kleine Atemzüge hören und
leichte Herzschläge,
scharfäugig werden wie ein Tier des Waldes
für alle Gefahren,
mutig sein im Stillen wie kein lauter Mann in Waffen,
schaffen mit allem Blut, das einem gegeben ist,
über sich hinauswachsen in allen Fähigkeiten des Wachens,
Hungerns, Liebens und Handelns,
vor allem aber sorgen.

Mutter sein heißt, in Sorgen glücklich zu sein.

Jean-Jacques Rousseau

Glücklich als Mama

„Ich bin froh und dankbar für meinen Mann
und meine zwei tollen Kinder.

Die vielfältigen Aufgaben und
Ansprüche fordern mich sehr heraus,
machen mich aber auch glücklich.

Und ich wünsche mir den Blick,
jeden Tag zu genießen und ihn
als Gottes Geschenk sehen zu können.

Es ist schön, Kinder als Persönlichkeiten
heranwachsen zu sehen und sie zu
begleiten und zu prägen. Aber dies ist natürlich
auch eine sehr verantwortungsvolle Aufgabe,
da bin ich froh,
Gott an meiner Seite zu wissen.“

Aussage einer Mutter

Das Bewerbungs- gespräch

„Guten Tag, schön, dass Sie da sind." Herr Groß, der Personalleiter, reicht dem jungen Bewerber die Hand und deutet auf den freien Stuhl vor dem Schreibtisch. „Bitte, nehmen Sie Platz."
„Danke schön." Nervosität schwingt in der Stimme des jungen Mannes mit. Er ist etwa dreißig Jahre alt, trägt einen modernen, enggeschnittenen Anzug in Nachtblau und blickt den Personalleiter erwartungsvoll und ein wenig unsicher an.

„Wie Sie wissen, möchten wir die Stelle des *Director of Operations* besetzen und suchen dafür einen geeigneten Kandidaten. Aus diesem Grund haben wir Sie zu diesem Vorgespräch eingeladen. Herr Herzberger, richtig?" Der Personalleiter wirft einen Blick auf seine Unterlagen, der junge Mann nickt zustimmend. Herr Groß fährt fort: „Bevor Sie mir etwas über Ihre Person erzählen, möchte ich Ihnen zunächst einmal den Posten vorstellen." Der junge Mann nickt beflissen.

„Also, bei dieser Stelle handelt es sich nicht nur um eine Arbeitsstelle, es ist sozusagen der wichtigste Job überhaupt. Ein absolut anspruchsvoller Posten, der all Ihren Einsatz fordern wird und mit dem Sie das Leben von Menschen nachhaltig verändern können. Außerdem wären Sie maßgeblich an der Gestaltung von politischen und wirtschaftlichen Themen beteiligt. Sie könnten damit indirekt Einfluss auf das Weltgeschehen nehmen." Der junge Mann nickt mit zunehmender Begeisterung und meint: „Das hört sich gut an, Herr Groß."

„Gut? Nun ja. Lassen Sie mich etwas zu den Anforderungen sagen. Sind Sie mobil?"
„Ja, auf jeden Fall. Ich fahre einen Audi A4."
„Nein, ich meinte Ihre körperliche Mobilität. Bei der Ausübung dieses Jobs müssten Sie oft stehen, wären stundenlang auf den Beinen und müssten sich ständig bücken."

„Oh, das wäre kein Problem. Ich bin fit. In meinem Fitness-Studio bin in Dauergast. Bin fast täglich dort."
„Sehr schön. Allerdings wäre ein regelmäßiger Besuch des Fitness-Studios dann nicht mehr möglich."
„Aha. Und warum, wenn ich fragen darf?"
„Dazu kommen wir später. Noch sind wir bei den Anforderungen für den *Director of Operations*. Wir suchen jemanden, der über eine exzellente Menschenkenntnis verfügt, der spürt, was in seinem Gegenüber vorgeht und im richtigen Maß auf dessen Bedürfnisse reagieren kann. Außerdem sollte unser Kandidat in der Lage sein, permanent zwischen seinen Klienten zu vermitteln und Konflikte souverän zu managen."
Herr Groß hebt fragend die Augenbrauen. „Trauen Sie sich das zu, Herr Herzberger?"
„Ja, doch. Durchaus. Ich kenne mich gut mit Menschen aus und empathisch bin ich auch. Gibt es weitere Anforderungen?"
Herr Groß lächelt. „Die gibt es." Wieder wirft er einen Blick auf seine Unterlagen und liest vor: „Profunde Kenntnisse in den Bereichen der Medizin, der Pädagogik, des Finanzwesens, der Psychologie und der bildenden Künste. Ziemlich umfangreich, hm?"
„Das ist in der Tat umfangreich", im Gesicht des jungen Bewerbers macht sich Erstaunen breit, „für eine einzige Stelle ..."
„Für eine *anspruchsvolle* Stelle, Herr Herzberger. Ich sagte doch bereits, dass es sich hier um einen Posten von immenser Bedeutung handelt." Der Personalleiter fährt fort: „Außerdem müssten Sie Ihren Kunden volle Aufmerksamkeit widmen. Darüber hinaus – und damit kommen wir nun zu den Arbeitszeiten – müssten Sie Ihren Klienten Tag und Nacht zur Verfügung stehen. Möglichst 24 Stunden täglich, an sieben Tagen in der Woche."
„Den ganzen Tag und die ganze Nacht? Täglich?"

„Wie Sie sehen, wird sich ein Besuch des Fitness-Studios somit als schwierig gestalten. Ach, und bevor ich es vergesse", sagt Herr Groß rasch, „es wird keine regelmäßigen Pausen geben. Sie werden sich in dieser Hinsicht ganz nach den Klienten richten müssen."
„Wie bitte?!" Herr Herzberger ist jetzt ehrlich entsetzt. Sein Nicken ist einem Kopfschütteln gewichen. „Ist das denn legal? So viele Arbeitsstunden? Und kaum Pausen zwischendurch?"
„Oh ja, das ist legal. An den Feiertagen, also an Weihnachten und Ostern, erhöht sich die Arbeitsbelastung übrigens, das sollten Sie wissen. Und Urlaub werden wir Ihnen nur äußerst selten gewähren können. Im Ausnahmefall, vielleicht an zwei bis drei Wochenenden im Jahr. Wie klingt das für Sie?", fragt der Personalleiter freundlich. „Haben Sie weiterhin Interesse an diesem Posten?"
„Ähm, wenn ich ehrlich bin ... Ich ... Ich finde das beinahe grausam. Ein bisschen zu intensiv." Aus dem Gesicht des jungen Mannes spricht Fassungslosigkeit. „Aber gut bezahlt wird diese Position doch, oder?! Dürfte ich vorsichtig nach dem Jahresgehalt fragen?"
„Das Gehalt? Ach so. Es gibt kein Gehalt für diesen Job."

Herrn Herzbergers Kopfschütteln wird immer heftiger. „Das ist nicht ihr Ernst ... Das können Sie gar nicht ernst meinen. Ich würde doch niemals so viele Stunden in der Woche arbeiten – UNENTGELTLICH! Niemand würde das machen! Tut mir leid, aber ich glaube, diese Stelle ist nichts für mich." Er erhebt sich. „Ich glaube, die ist für keinen etwas", murmelt er.

„Warten Sie." Herr Groß bedeutet ihm, wieder Platz zu nehmen. „Was wäre, wenn ich Ihnen sagte, dass bereits jemand diese Stelle innehat? Jemand, der alle Anforderungen an die Position erfüllt und voller Engagement und Hingabe in diesem Job arbeitet. Tag für Tag. Woche für Woche."
Der junge Bewerber schaut Herrn Groß skeptisch an. Dieser erwidert seinen Blick – ernst und eindringend. „Tatsächlich

arbeiten Millionen Menschen auf der Welt in diesem Beruf: Mütter. Es sind unsere Mütter. Mütter erfüllen alle Anforderungen, die ich Ihnen eben genannt habe. Alle. Und sie erhalten keinen finanziellen Lohn für ihre Arbeit. Aber sie sind immer da, wenn wir sie brauchen. Und erledigen den wichtigsten Job überhaupt."

Herr Herzberger schweigt lange. Dann sagt er mit belegter Stimme: „Kein Zweifel, das sind Mütter.

Das ... ist meine Mutter."

nach einem Werbeclip anlässlich des Muttertags

Multitalent Mama

Mama zu sein ist eine anspruchsvolle Aufgabe. Es ist ein facettenreicher Beruf, der weit mehr beinhaltet als nur eine einzige Tätigkeit. Denn eine einzelne Mutter übt mehrere Jobs gleichzeitig aus und verfügt über eine Vielzahl an Kompetenzen und Fähigkeiten. Sie ist Fachfrau auf vielen Gebieten – ein wahres berufliches Multitalent.

Eine Mutter ist …
Anwältin, Catering-Unternehmerin, Dekorateurin, Einkaufsexpertin, Entertainerin, Erzieherin, Eventmanagerin, Finanzverwalterin, Frisörin, Geschichtenerzählerin, Hotelfachfrau, Köchin, Krankenschwester, Krisenmanagerin, Künstlerin, Lehrerin, Mediatorin, Mentorin, Motivationstrainerin, Pastorin, Polizistin, Psychologin, Reinigungsfachkraft, Reiseführerin, Richterin, Sekretärin, Sozialpädagogin, Taxifahrerin

Zum Weiterdenken:

Welche dieser Tätigkeiten liegen dir am meisten? Welche füllen nicht nur deinen Alltag aus, sondern auch dein Herz mit Freude?
In welchen Bereichen wünschst du dir mehr Unterstützung und Entlastung?

Bedenke:

Du bist ein berufliches Multitalent,
aber kein Mädchen für alles!

Eine Mutter,

die ihr Kind

liebevoll erzieht,

kann an einem

einzigen Tag

mehr für die

Gesellschaft erreichen

als mancher Politiker

in seiner ganzen Amtszeit.

nach Werner Braun

Ich lege
meinen Kopf
in deinen Schoß,
aus welchem ich
hervorgegangen bin,
und danke dir
für mein Leben.

Dein Kind.

Paula Modersohn-Becker

Beschenkt

Du hast dein Kind auf die Welt gebracht,
ihm Leben geschenkt.
Du schenkst ihm täglich deine Liebe, deine
Zuwendung und einen großen Teil deiner Zeit.
Du schenkst deinem Kind dein Ohr, wenn du ihm
zuhörst und dein Lächeln, wenn du es ermunterst,
deine Aufmerksamkeit, wenn du mit ihm spielst.
Du verschenkst und erwartest keinen Cent dafür.
Du beschenkst dein Kind, weil du seine Mama bist.
Auch du hast ein Geschenk erhalten – dein Kind,
es ist ein Geschenk an dich.
Ein Geschenk, das du mit behutsamer Hand
und erwartungsvoller Freude auspacken darfst.
Ein Geschenk, das dich zum Staunen bringt,
dich mit Begeisterung und Stolz erfüllt.
Ein Geschenk, das für manche fröhliche
Überraschung und heitere Bescherung sorgt.
Ein Geschenk, das dein Leben bereichert und
dein Erleben reich macht.
Ein Geschenk – einzigartig und von unschätzbarem
Wert. Du bist beschenkt mit deinem Kind.

Und eines
schenkt ihr
euch gegenseitig:
eure Herzen.

In freudiger Erwartung

Gestern habe ich mit einer Freundin telefoniert, deren Entbindungstermin für das erste Kind unmittelbar bevorsteht. Bei unserem Gespräch war der Unterton der Spannung und Vorfreude in ihrer Stimme nicht zu überhören, als sie von dem Baby sprach, auf das ihr Mann und sie sich schon so sehr freuen, und nun ist es bald wirklich so weit.

Sie erzählte auch von Einzelheiten ihrer Vorbereitungen. Die bereits gekauften Windeln liegen ordentlich gestapelt auf dem Regal über dem Wickeltisch, eine kuschelige Decke ist über die Lehne des Schaukelstuhls gebreitet, in dem das Baby gestillt werden soll, und die Wände des Kinderzimmers sind mit Schmetterlingen und Marienkäfern dekoriert. Selbst dem Hund wurde schon antrainiert, brav neben dem Kinderwagen herzugehen. Die Vorfreude ist also unverkennbar.

Kein Wunder, dass bei Schwangerschaften auch von „freudiger Erwartung“ die Rede ist.

Später an diesem Abend, als ich noch einmal über meine Freundin und unser Gespräch nachdachte, wurde mir ganz neu bewusst, wie wundervoll es ist, dass wir als Mütter alle durch diese Phase freudiger Erwartung gehen und auf alles, was kommt, gespannt sein dürfen. In der Schwangerschaft sind wir gespannt darauf, wann das Baby wohl kommt, wie seine Nase aussehen wird, ob es gesund ist, und ob man es wohl noch einmal in den Arm bekommt, wenn die Schwiegereltern zu Besuch da sind.

Aber damit hört es noch nicht auf. Wir erleben auch weiterhin Zeiten freudiger Erwartung, wenn unsere Kinder älter werden. Was wird ihr Lieblingsessen sein? Ob sie wohl gerne Fußball spielen werden? Welchen Beruf sie wohl ergreifen? Solche Phasen erinnern uns dann daran, dass Gott mit jedem unserer Kinder – und auch mit uns selbst – einen wunderbaren Plan hat.

Meine Freundin dachte, dass die Zeit freudiger Erwartung nun bald zu Ende sei, aber ich wusste, sie würde schnell merken, dass der Weg des Mutterseins eher wie ein Roman ist, bei dem man selbst unter verschiedenen Möglichkeiten wählen kann, wie es weitergehen soll, als wie ein Märchen, bei dem man von Anfang an weiß, wie es ausgeht. Und obwohl wir uns manchmal wünschten, das Ende bereits vor dem Anfang der Geschichte zu kennen, erleben wir gerade im Geheimnisvollen und Unerwarteten das Muttersein in seiner ganzen Fülle.

Jessica Potter

Kleine Wunder

Dein glucksendes Lachen,
das wie Musik in meinen Ohren klingt.

Die Sommersprosse, die ich ganz neu auf
deiner Nase entdecke.

Deine entzückenden Patsche-Hände,
die sich fest um meinen Nacken schließen.

Der klebrige Kuss auf meine Wange,
der Spuren in meinem Herzen hinterlässt.

Deine strahlenden Kulleraugen,
voller Vertrauen auf mich gerichtet.

Das schlaftrunkene „Ich hab'dich lieb",
kurz bevor du ins Land der Träume reist.

Dein Anblick, wenn du schläfst – so friedlich,
so geborgen und so herrlich süß.

Die kleinen Wunder, die das Leben mit dir
einfach wunderbar machen, mein Kind.

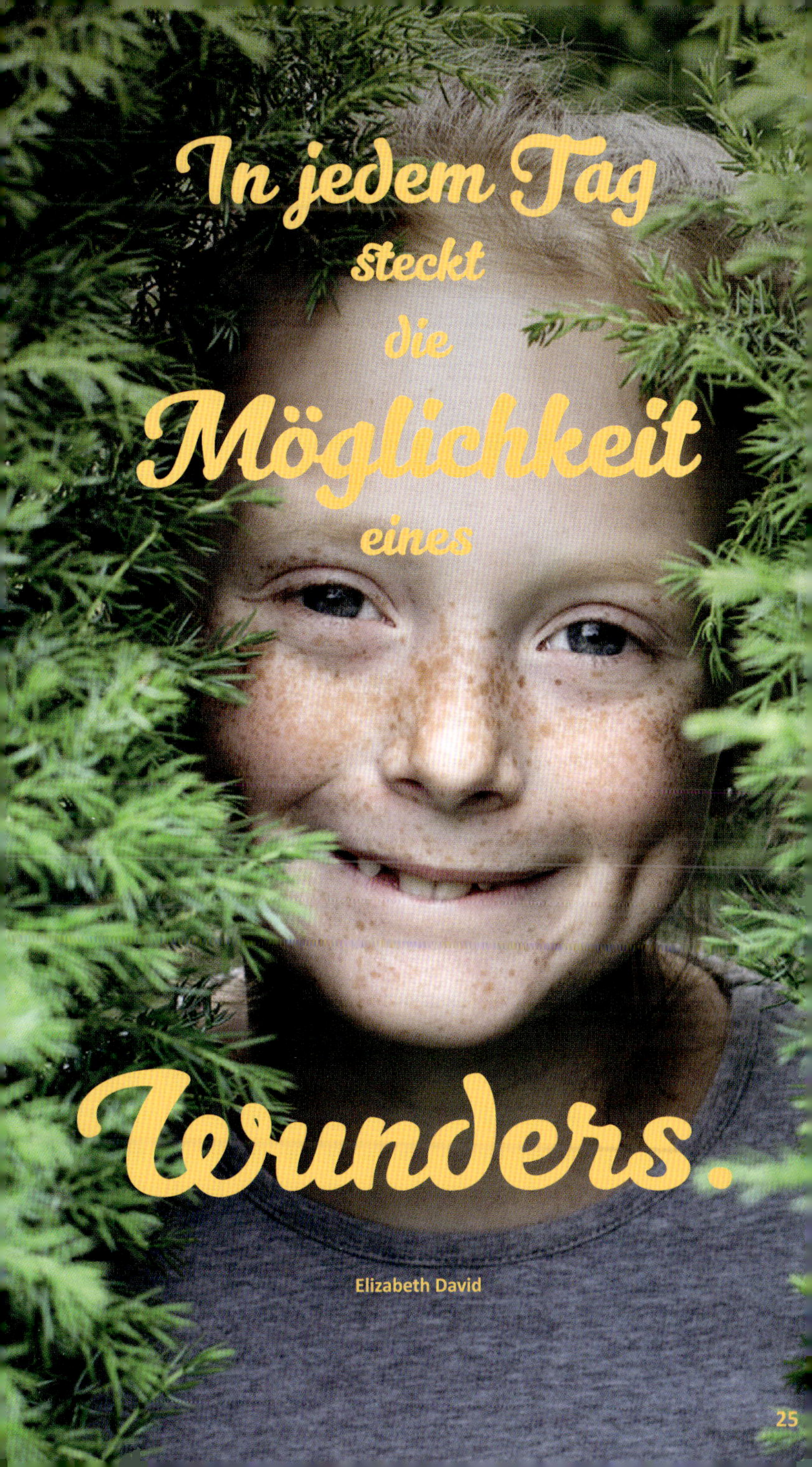
In jedem Tag
steckt
die
Möglichkeit
eines
Wunders.
Elizabeth David

Was sind deine schönsten Mama-Momente?

„Jeweils die Geburt und das erste Zusammentreffen mit meinen Kindern.“

„Als mein Kind das erste Mal Mama gesagt hat.“

„Ausgelassene, unbeschwerte Spiel- und Spaßzeiten.“

„Wenn meine Mädels zu mir kommen, mich umarmen und ‚Ich liebe dich‘ oder ‚Du bist die beste Mama der Welt‘ sagen.“

„Kuschelzeiten!“

„Wenn meine Kinder meine Liebe erwidern, mir direkt sagen, dass sie mich liebhaben oder es dadurch zeigen, dass sie mit mir über Dinge reden, die sonst niemand hören soll.“

„Goldige Aussagen und Komplimente von meinem Sohn: ‚Mama, du bist die schönste Mama der Welt!‘ oder ‚Auch wenn ich heirate, möchte ich immer bei dir bleiben‘.“

„Wenn ich von der Arbeit nach Hause komme und mir die Kinder um den Hals fliegen.“

„Zu erleben, welche Begabungen in meinen Kindern zum Vorschein kommen.“

„Zusammen Bücher lesen.“

„Ausführliche Gespräche mit meinem Zehnjährigen über Gott und die Welt.“

„Die Kinder lachen zu sehen, ist wunderschön.“

„Wenn mein jüngster Sohn mein Gesicht in seine Arme nimmt und sagt: ‚Ich bin in deinen Augen, Mama‘.“

Monde und Jahre vergehen
und sind immer vergangen,
aber ein
schöner Moment
leuchtet das
Leben hindurch.

Leonardo da Vinci

Du

Ich geh in deinem Gesicht spazieren.
Alles ist vertraut:
dein Mund,
deine Nase.
Ich fühle
die weiche Haut
und muss halten
bei den lachenden Augen.
Ich zähle die kleinen Falten.
Kuschle mich
in deinen Arm,
fühl mich geborgen.
Du bist so warm.

Regina Schwarz

Enjoying Mother-hood

*

Warum du das Mama-Sein genießen kannst

Weil du mit deinem Kind
die Welt wieder neu entdeckst.

Weil Kinderfragen
deinen Horizont erweitern.

Weil du Liebesbriefe
voller Rechtschreibfehler erhältst.

Weil ein Kuss deines Schätzchens
einfach köstlich ist – süß und völlig kalorienfrei.

Weil Mutterliebe Flügel verleiht.

Weil du miterleben darfst, wie aus einem
winzigen Persönchen eine starke Persönlichkeit wird.

Weil Kinderbücher auch im Erwachsenenalter
eine riesige Lesefreude bereiten.

Weil die Haut deines Babys
so herrlich duftet.

Weil du dich beim Schlittenfahren im Winter
und bei der Wasserschlacht im Sommer
noch einmal selbst wie ein Kind fühlen kannst.

Weil dein Kind ein kleiner Künstler ist,
der deinen Alltag bunt anmalt und
dein Leben mit Farbe verziert.

Das bist du,
Mama

Seelentrösterin
Zuckerbäckerin
Beschützerin vor Nachtmonstern
Lieblingskuscheltier
Superheldin in Ausbildung
Problemlöserin
Auswechselfußballspielerin
Sorgenabladestelle
Gedankenleserin
Weltbeste Nudelköchin
Papas Königin
Meine Herzdame

Lass Zahlen sprechen

Eine Mutter, die zwei Kinder großgezogen hat, hat im Laufe der Jahre etwa …

… 10 250 Windeln gewechselt.

… 16 425 Mahlzeiten zubereitet.

… 28 Kindergeburtstagspartys veranstaltet.

… 2 750 Gutenachtgeschichten vorgelesen.

… 69 500 Kilometer mit ihrem Mama-Taxi zurückgelegt.

… 7 700 Ladungen Wäsche gewaschen.

… 30 Elternabende besucht.

… 180 Bleche Weihnachtsplätzchen gebacken.

… 55 000 Umarmungen verteilt.

… unendlich viele Portionen Liebe verschenkt – und erhalten.

Alle Zahlen ohne Gewähr

Danke, Mama!

„Danke, dass du mich versorgst und mir Ratschläge gibst!"
(Nick, 10 Jahre)

„Vielen Dank für meine Klamotten, die du immer bügelst, und gefaltet in mein Zimmer legst!"
(Lilli, 11 Jahre)

„Danke, dass du mit mir spielst!"
(Hanna, 8 Jahre)

„Danke, dass du so viel machst für mich!"
(Carla, 6 Jahre)

„Danke für das Essen, das du kochst und das auch sehr lecker ist!"
(Paul, 10 Jahre)

„Danke, dass du die ganze Wäsche machst und danke, dass du nie sagst: ‚Ich kann dir keine Fragen mehr beantworten' - nur, wenn du dich gerade mit dem Papa unterhältst."
(Joelle, 8 Jahre)

„Danke, dass du mein Lieblingsessen vom Döner holst! Danke, dass du nicht so streng bist!"
(Max, 8 Jahre)

„Danke, dass du mich immer zum Leichtathletik bringst!"
(Anton, 5 Jahre)

Herzdame

Geliebt auf den ersten Blick

eingeschlossen ins winzige

Kinderherz

dieser besondere Platz dort

gehört dir

auf ewig

„Mama, ich hab dich lieb."
„Oh, wie schön. Sag das auch mal dem Papa, dann freut er sich." „Papa, ich hab die Mama lieb."

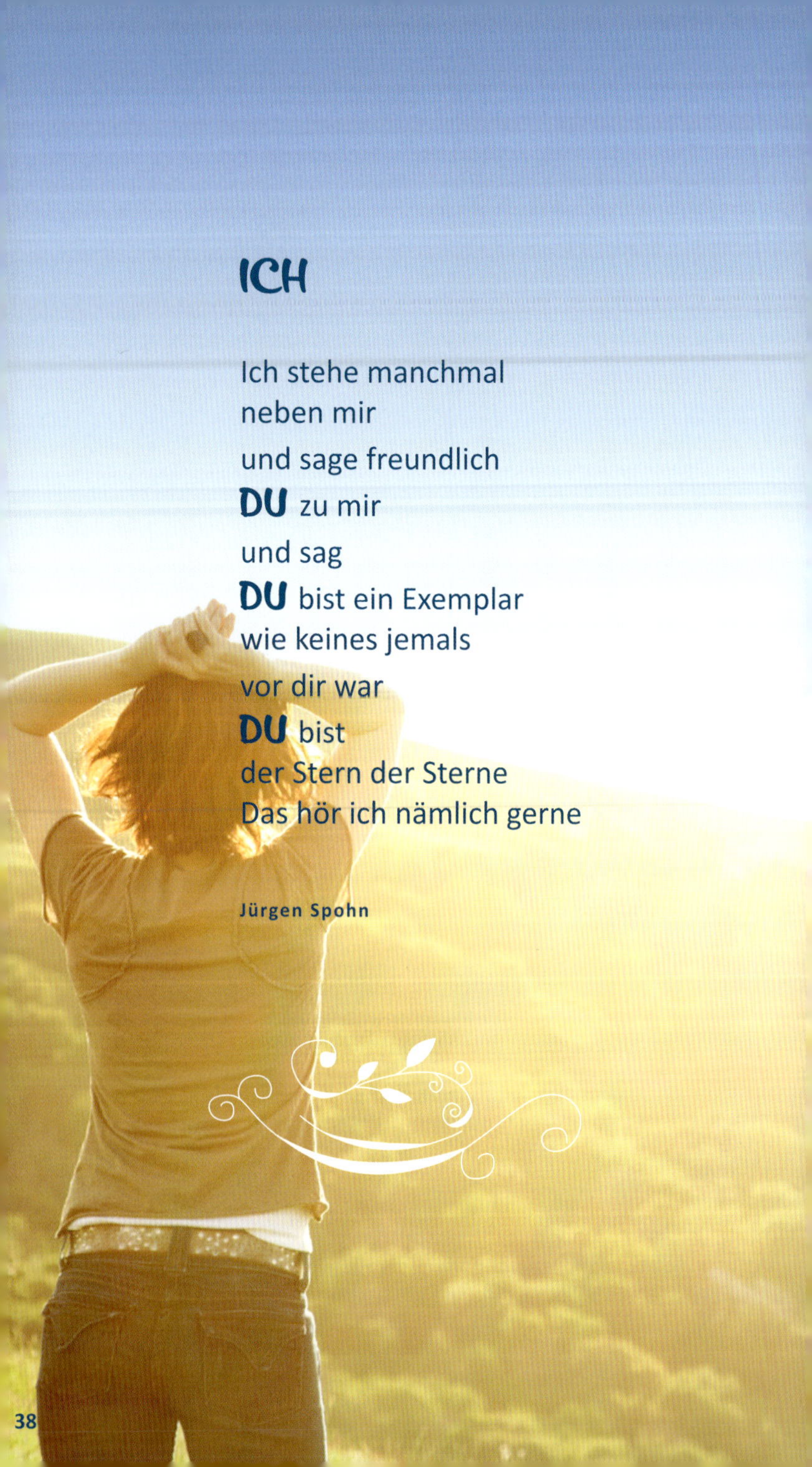

ICH

Ich stehe manchmal
neben mir
und sage freundlich
DU zu mir
und sag
DU bist ein Exemplar
wie keines jemals
vor dir war
DU bist
der Stern der Sterne
Das hör ich nämlich gerne

Jürgen Spohn

Mutter oder Freundin

Eine Frau fühlte sich tief verletzt durch das Benehmen ihres fünfzehn Jahre alten Sohnes. Immer wenn sie zusammen ausgingen, lief er vor ihr her. Schämte er sich ihrer? Eines Tages fragte sie ihn.

„Aber nein, Mama, bestimmt nicht“, lautete seine verlegene Antwort. „Du siehst jedoch so jung aus, dass ich fürchte, meine Freunde könnten denken, ich hätte eine neue Freundin.“

Ihr Kummer war verflogen wie
durch Zauberhand.

Anthony de Mello

Wenn Kinder ihrer Mama ein Kompliment machen …

„Du bist sehr schön!“
(Paul, 10 Jahre)

„Ich finde toll, dass du immer alles so toll im Griff hast und wenn du gestresst bist, immer noch Zeit für uns hast!“
(Lilli, 11 Jahre)

„Du machst leckeres Eis!“
(Hanna, 8 Jahre)

„Du siehst heute sehr schön aus!“
(Simeon, 6 Jahre)

„Du bist sehr lieb!“
(Carla, 6 Jahre)

„Da könnte ich ganz viel sagen ...
Du kannst sehr gut mit Kindern umgehen!“
(Louis, 10 Jahre)

„Du könntest auch ein Model werden!“
(Joelle, 8 Jahre)

Eine Mutter hat für jede Wunde eine Salbe.

aus der Mongolei

Wie eine Mutter

In der Bibel gibt es eine ermutigende Zusage Gottes an das Volk Israel. Gott verspricht seinem Volk: „Ich will euch trösten wie eine Mutter ihr Kind." (Jesaja 66, 13). Dieses Versprechen gilt für alle Menschen und drückt Gottes weise Voraussicht aus, dass er mit Notsituationen seiner Kinder rechnet. Er hat im Blick, dass wir immer wieder in Situationen geraten, in denen wir Trost bitter nötig haben. Unser himmlischer Vater ist der größte Tröster; seine Arme sind stets einladend geöffnet, an seiner Brust ist immer ein freier Platz. Bei ihm finden wir Geborgenheit und können innerlich zur Ruhe kommen.

Gleichzeitig ist diese Zusage aber auch ein Kompliment an alle Mütter. Gott sagt nicht nur „Ich will euch trösten" und lässt den Satz an dieser Stelle enden. Vielmehr vergleicht er seinen Trost mit dem einer Mutter. Auch heißt es hier nicht „Ich will euch trösten wie ein Vater" oder „wie eine Lehrerin". Gott weiß ganz genau, welche Person trösten kann wie niemand sonst. Die eigene Mutter. Es ist der mütterliche Trost, der dem göttlichen Trost am nächsten kommt. Wohin läuft ein Kind, wenn es sich wehgetan hat? Nach wem ruft es, wenn es nachts aus einem Albtraum erwacht? In wessen Arme wirft es sich, wenn ihm zum Weinen zumute ist?

Kein Mensch kann sein Kind in dem Maße trösten und beruhigen wie eine Mutter. Bei keinem Menschen fühlt sich ein Kind in schweren Momenten so geborgen wie bei seiner Mutter.

Mamas sind Weltmeister im Trösten. Das wusste Gott, als er uns seine Trost-Zusage gab.

PS: Und Papas? Die sind Vize-Weltmeister im Trösten!

Trösten
ist eine Kunst
des Herzens.
Sie besteht oft
nur darin,
liebevoll zu
schweigen und
schweigend
mitzuleiden.

Otto von Leixner

Die Arme einer
Mutter
sind aus
Zärtlichkeit
gemacht, und Kinder
schlafen sicher
in ihnen.

Victor Hugo

Mutterliebe – Eine Geschichte

Die Familie saß am Abendbrottisch. Der Bauer war müde, es war ein langer Arbeitstag gewesen. Mit Bedacht nahm er seine Mahlzeit ein. Die siebenjährige Ida wackelte auf ihrem Stuhl hin und her. „Setz dich richtig hin“, sagte die Bäuerin. „Und iss vernünftig.“ Der Bauer sagte nichts, hing seinen Gedanken nach.

Ida aber wollte nicht stillsitzen, blickte immer wieder aus dem Fenster. Aufgeregt plapperte sie: „Papa, da ist ein komischer Dampf draußen. Haben die Kühe auch Kartoffeln gekocht?“

„Mhm“, brummte der Vater.
„Setz dich bitte richtig hin“, sagte die Mutter.

„Aber der Dampf – nun schaut doch mal. Er wird immer größer.“

Plötzlich kam Leben in den Bauer. Nach einem Blick aus dem Fenster ließ er seine Gabel fallen, sprang auf und eilte zur Tür. „Es brennt! Die Scheune brennt!“ Beim Hinausstürmen rief er noch: „Du musst die Feuerwehr rufen, Elisabeth!“ Dann wurde seine mächtige Gestalt vom Rauch verschluckt.

Nachdem Elisabeth den Anruf bei der Feuerwehr getätigt hatte, goss sie sich einen Kübel Wasser über den Kopf, befeuchtete ihre Kleidung und wies Ida an, im Haus zu warten – egal was auch geschehen sollte.

Andreas, der Bauer, hatte bereits begonnen, das Vieh aus den Ställen auf die nahegelegenen Wiesen zu treiben. Noch hatte das Feuer die Stallungen nicht erreicht. Noch waren die Kühe in Sicherheit. Die Scheune dagegen brannte lichterloh. Die Flammen führten einen nicht enden wollenden Tanz auf und verzehrten alles, was ihnen dabei in die Quere kam.

Die Gluthitze schlug Elisabeth entgegen, als sie sich der Scheune und den Stallungen näherte. „Die Hühner, Andreas! Wir müssen die Hühner retten! Sie sind in der Scheune gefangen!"

„Dann öffne das Tor", keuchte der Bauer. Er hielt sein Hemd vor den Mund gepresst, um sich vor dem giftigen Rauch zu schützen. „ Aber sei vorsichtig. Die Flammen werden durch den Luftzug angeheizt. Sieh zu, dass du das Tor nur einen Spaltbreit aufmachst, okay?"

„Verstanden." Elisabeth zog das schwere Scheunentor langsam auf und sah, wie ihre Hennen panisch im Inneren der Scheune auf und ab flatterten. „Husch, husch, raus mit euch, meine Süßen. Draußen seid ihr sicher, kommt schon!" Hastig scheuchte die Bäuerin das aufgeregte Federvieh auf den Hof. Als einen Augenblick später der Löschzug der Feuerwehr eintraf, weinte Elisabeth vor Erleichterung.

Am nächsten Tag – Andreas, Elisabeth und Ida hatten eine furchtbare Nacht hinter sich – betrachtete die Familie das Ausmaß des Brandes. Gott sei Dank waren sowohl die Stallungen als auch das Wohnhaus von den Flammen verschont geblieben. Nur die Scheune, die hatten sie verloren. Die Einsatzkräfte hatten zwar das Feuer löschen können, die Scheune war jedoch so stark beschädigt, dass man sie würde abreißen müssen.
Ida betrat die Ruine. Ein stechender Geruch nach Verbranntem lag in der Luft. Auf dem Boden hatten sich zahllose Pfützen gebildet. Verkohlte Holzstücke – Stücke des Daches und der Wände, die sich überall verteilt hatten – boten ein Bild der Verwüstung. Ida blickte sich um. Tränen traten ihr in die Augen.

„Mama! Ich dachte, du hättest alle Hennen nach draußen gebracht! Aber dort liegt eine. Und schau, ihre Federn sehen ganz schwarz aus." Ida trat einen Schritt auf das Huhn zu. „Igitt, das riecht ja eklig!"

„Ida, Liebes", Elisabeth nahm ihre Tochter in den Arm, „die Henne ist tot. Sie hat es wohl nicht mehr nach draußen geschafft." Ida schluchzte auf und schmiegte sich an ihre Mutter. Der Bauer stand schweigend daneben.

Da ertönte ein feines Piepen, ein leichtes Rascheln war zu hören. Andreas beugte sich zu der toten Henne hinunter und hob sie vorsichtig an. Unter ihrem versengten Federkleid blinzelten fünf winzige Küken ins Licht und reckten ängstlich ihre Hälse.

„Die Kleinen scheinen wohlauf zu sein." Der Bauer lächelte. „Die Henne hat ihnen das Leben gerettet. Sie hat sich auf sie gesetzt. So konnten die Flammen den Küken nichts anhaben."

„Aber sie hätte doch rauslaufen können – mit ihren Küken. Draußen wären sie alle in Sicherheit gewesen …" Ida war fassungslos und glücklich zugleich. „Du dumme Henne, du! Warum hast du dich nicht gerettet?"

Elisabeth schaute ihre Tochter liebevoll an. „Die Henne wusste, dass ihre Kleinen nicht schnell genug laufen konnten. Wäre die Henne hinausgelaufen, hätte sie ihre Küken dem sicheren Tod überlassen. Also ist sie im Feuer geblieben und hat die Küken mit ihrem Körper und letztendlich mit ihrem Leben beschützt."

„Dann war sie also eine tapfere Mama?" Mit großen Augen sah Ida zu ihrer Mutter auf.
„Sie hat ihre Kinder geliebt, Ida. Die Küken waren ihr wichtig. Wichtiger als ihr eigenes Leben." Und dann fügte Elisabeth leise hinzu:

„Sie war einfach eine Mutter."

nach Patricia St. John

Es gibt keinen Ort
der Welt,
an dem man sicherer
geborgen wäre
als in den
Armen der
Mutter.
Selma Lagerlöf

Alle Liebe der Menschen
muss erworben, erobert
und verdient,
über Hindernisse hinweg
erhalten werden.

Die Mutterliebe allein

hat man
unerworben
und
unverdient.

Berthold Auerbach

Mamas Herz

„Eine Mama ist häufig schnell in der Lage, die Bedürfnisse des Kindes wahrzunehmen und auf diese feinfühlig zu reagieren.

Sie kann eigene Bedürfnisse zurückstellen und den Alltag mit Kindern organisieren. Die Liebe zu den Kindern ist jeden Tag neu da, egal was der Tag so mit sich gebracht hat.

Spätestens wenn die Kinder abends friedlich in ihren Betten schlummern, ist das Mamaherz wieder mit Liebe gefüllt."

Aussage einer Mutter

Wer liebt mich
und wird mich
immer lieben,
egal wie sehr
ich mich verändere
oder mir etwas
zuschulden
kommen lasse? –
Du bist es,
meine Mutter.
Thomas Carlyle

EXPERTENMEINUNG

Meine Mama mag ich sehr

„Meine Mama kann total gut zuhören und backen. Und die ist ganz lieb!“
(Joelle, 8 Jahre)

„Ich finde es schön, dass meine Mutter auch so gerne Action-Filme guckt wie ich. Es ist cool, dass sie immer gerecht ist. Und man kann mit ihr über alle Sachen reden.“
(Nick, 10 Jahre)

„Ich mag an meiner Mama, dass man sich so gut auf sie verlassen kann und dass sie immer für einen da ist. Sie kann den Alltag so gut organisieren. Sie kann sehr gut Geheimnisse bewahren – wie ein Schatzhüter.“
(Lilli, 11 Jahre)

„Sie hat schöne Kleider.“
(Anton, 5 Jahre)

„Ich finde es toll, dass sie mich tröstet, dass sie unsere Geburtstage so schön gestaltet und dass sie so lecker kocht. Mir gefallen ihre Haare, und die Ohrringe passen gut zu ihrem Gesicht.“
(Paul, 10 Jahre)

„Meine Mama macht ein ganz tolles Schnitzel!“
(Jacob, 10 Jahre)

„Ich finde es toll, dass meine Mama sehr nett ist und dass sie Ärztin ist, denn so weiß sie genau, wie viele süße Sachen ich essen darf und was ich überhaupt essen darf.“
(Simeon, 6 Jahre)

„Ich mache heute meiner Mama eine Freude und putze das Waschbecken.“
(Max, 8 Jahre)

Eine junge Mutter im Gespräch
mit einer Freundin:
„Ich weiß jetzt, warum wir Mamas
ständig müde sind."

„Ach ja, warum denn?"

„Weil so viele Talente in uns schlummern."

„Ich bin Mama.
Und was ist deine
Superkraft?“

Super, Mama! –

Warum Mütter Heldinnen sind

Eine Mutter wird sich wahrscheinlich niemals selbst als Heldin oder gar als Superheldin bezeichnen. Dabei gibt es so vieles an ihr, was durchaus heldenhaft ist. Hier kommt ein – vielleicht etwas humorvoller – Blick auf Mamas Heldentaten:

Sie ist Hüterin eines kleinen und sehr kostbaren Schatzes.

Sie tritt Nachtgespenstern und Schattenmonstern mutig gegenüber, besiegt Kreuzspinnen und blutsaugende Insekten. Hin und wieder kämpft sie auch gegen Windmühlen.

Sie verfügt über die Kombinationsgabe eines Meisterdetektivs. An der Kleidung ihres Schätzchens erkennt sie, was es im Kindergarten zum Mittagessen gab.

Sie sagt riesigen Wäschebergen den Kampf an.

Ein treuer kleiner Fanclub folgt ihr überall hin – manchmal sogar auf die Toilette.

Sie entwickelt ungeahnte Kräfte, wenn es darum geht, Geburtstagspartys zu veranstalten und Grippephasen durchzustehen.

Sie hat einen Röntgenblick, der bis ins Innerste ihrer Kinder schauen kann.

Sie ist allwissend. Die Frage „Weißt du wa-as, Mama?“ kann sie jedes Mal bejahen, denn wa-as weiß sie ganz bestimmt.

Beharrlich nimmt sie den Kampf gegen ihre persönlichen Gegner auf: gegen die Ungeduld, den Perfektionismus, die Hektik und den hohen Anspruch.

Heldentaten
von Leuten,
die meinten, die
Welt zu verändern,
haben mich nie
sonderlich beeindruckt.
Viel mehr Achtung
habe ich vor jenen,
die für die vielen
kleinen
Veränderungen
kämpfen.

Ellen Goodman

Das einzig Wichtige im Leben
sind die Spuren von Liebe,
die wir hinterlassen,
wenn wir weggehen.

Albert Schweitzer

EXPERTENMEINUNG

Eine Medaille für Mama

Wofür würdest du deiner Mama einen **Preis** verleihen?

„Fürs Kochen und … für alles eigentlich. Für alles, was sie macht!"
(Paul, 10 Jahre)

„Dafür, dass sie uns immer tröstet."
(Hanna, 8 Jahre)

„Fürs Hausaufgabenhelfen und Vorlesen."
(Jacob, 10 Jahre)

„Wenn sie was macht, das ich eigentlich machen soll. Ich habe selber auch ganz viele Medaillen, da würde ich ihr eine von abgeben."
(Simeon, 6 Jahre)

„Für ihr Engagement und dafür, dass sie andere so gut verstehen kann und dass sie sich so gut in andere hineinversetzen kann."
(Louis, 10 Jahre)

„Fürs Zuhören."
(Joelle, 8 Jahre)

„Ich hab doch gar keine Medaillen, die ich ihr geben könnte. Aber der Max, der hat ganz viele! Der könnte ihr eine geben."
(Anton, 5 Jahre)

„Wenn sie das ganze Haus schmückt, würde ich ihr eine Medaille dafür schenken."
(Max, 8 Jahre)

Das ganze Bild

Das Muttersein – mit allen Erfahrungen und Empfindungen, die dazugehören – gleicht in vieler Hinsicht einem Puzzlebild. Es ist ein farbenfrohes und aufregendes Bild, das aus zahlreichen unterschiedlichen Puzzleteilen besteht, bunt zusammengesetzt und voller Kontraste.

Da ist zum einen das Puzzlestück der Mutterliebe, der uneingeschränkten, bedingungslosen und hingebungsvollen Liebe zu deinen Kindern. Dicht daneben befindet sich oft die Sorge um das Wohlergehen der kleinen Schätze, gefolgt von Gefühlen der Angst – vor Unfällen oder Krankheit, Versagen oder Defiziten, vor Konflikten oder Problemen. Da ist die Freude am Nachwuchs und an der Erziehung, da sind die kleinen Glücksmomente und Erfolge, die es zu feiern gibt.

Aber ebenso gibt es den Ärger über unaufgeräumte Zimmer, Trotzanfälle im Supermarkt und über nicht enden wollenden Geschwisterstreit. Es gibt die Wut, wenn die Kleinen zum zehnten Mal nicht hören wollen und es gibt die Versöhnung, wenn sie auf deinen Schoß klettern und dir ein „Hab-dich-lieb" ins Ohr hauchen.

Auch die Verantwortung ist Teil des Puzzles. Die Verantwortung, die eine großartige Chance bietet, Kindheit zu gestalten und Persönlichkeit zu prägen, mit der Möglichkeit, Werte zu vermitteln.
Andererseits kann sich diese Verantwortung wie eine Last anfühlen, die unerträglich erscheint und die man

manchmal einfach ablegen möchte. Sowohl Stolz auf deine Kinder und deren Begabungen, als auch Unsicherheit und die Frage nach der angemessenen Förderung können weitere Bestandteile des Puzzles sein. In so manchem Bild findet sich der Farbwechsel von Selbstzweifel und Zuversicht, Erschöpfung und Energie, Fremdbestimmung und Erfüllung, Unzufriedenheit und Dankbarkeit.

So setzt sich jedes Mama-Puzzle aus verschiedenen Teilen zusammen, die gemeinsam ein Ganzes bilden. Darunter mögen Puzzlestücke sein, die dir überhaupt nicht gefallen und die du für überflüssig hältst. Möglicherweise kannst du dich von ihnen trennen oder sie im Laufe der Zeit durch buntere, fröhlichere Teile ersetzen. Trotzdem ist es die Bandbreite, die zum Muttersein gehört, die das Puzzle zu einem vollständigen Bild macht. Ein Bild, das kontrastreich ist, komplex und mehrdimensional. Ein Bild, das in die Tiefe geht. Und jedes sieht in der Gesamtheit seiner Puzzleteile vollkommen anders aus. Jedes Bild ist einzigartig und auf seine Art ein wunderschönes Kunstwerk.

Zum Weiterdenken:

Wie sieht dein persönliches Mama-Puzzle aus?
Was magst du daran besonders?

Gibt es Puzzleteile, die du gerne austauschen oder loswerden möchtest?

An welchen Stellen ist Veränderung möglich,
an welchen nicht?

NACHGEFRAGT

Die größten Heraus-forderungen einer Mutter

„Den Kindern immer das zu geben, was sie gerade brauchen."

„In der Erziehung konsequent zu bleiben."

„Sich selbst nicht zu verlieren – Ehefrau, Freundin, Tochter, Nachbarin, Kollegin zu bleiben."

„Drei unterschiedliche Kinder unterschiedlich zu erziehen, und dabei gerecht, liebevoll, geduldig und berechenbar zu sein – trotz Müdigkeit, Hormontiefen und eigenem Zu-kurz-kommen."

„Den Kindern zu zeigen, dass ich sie alle gleich liebe und dass keiner bevorzugt wird."

„Weisheit bei Geschwisterstreitigkeiten: wann muss ich eingreifen, und wie?"

„Gelassenheit in schwierigen Entwicklungsphasen."

„Die Balance zwischen Mama, Ehefrau und Job."

„Sich nicht mit anderen Müttern zu vergleichen."

„Dem Kind ganz viel Liebe, die Erziehung und den Raum zu geben, den es braucht, um seine Persönlichkeit zu entwickeln und sich zu entfalten. Und das alles neben Haushalt, Job, Gemeinde und sozialen Kontakten."

„Loslassen!"

„Den Alltag einer Familie zu organisieren, die Termine und To-do-Listen im Kopf haben und dabei ein fröhliches Herz und eine Portion Gelassenheit zu behalten. Außerdem die Bedürfnisse der Einzelnen zu sehen und seine eigenen nicht zu vergessen. Die innere Ruhe zu bewahren und den Kindern Halt und Sicherheit geben."

„Genügend Schlaf zu bekommen."

Mensch Mama

Als ich für dieses Buch Kinder interviewte und sie über Mütter – insbesondere ihre Mama – befragte, erklärte der sechsjährige Simeon den Begriff „Mutter“ unter anderem folgendermaßen: „Eine Mutter ist ein Mensch.“

Diese Antwort ließ mich zunächst schmunzeln. Was für eine goldige Aussage. Ja, natürlich – eine Mama ist ein Mensch! Was sollte sie denn sonst sein? Eine Maschine etwa? Oder … Moment mal! Eine Maschine? Ist es nicht das, was man manchmal von uns Müttern erwartet, was wir uns bewusst oder unterbewusst selbst wünschen? Eine Maschine zu sein und wie eine Maschine zu funktionieren? Auf Knopfdruck zu starten und dann wie geschmiert zu laufen? Ununterbrochen im Einsatz zu sein?

Aber eigentlich ist es doch glasklar: Wir sind ein Mensch und keine Maschine. Und im Gegensatz zu einer Maschine verfügen wir als Mama-Mensch über Gefühle, Bedürfnisse, Grenzen und über eine bunte Gedankenwelt. Wir sind in der Lage, Entscheidungen zu treffen und unsere Arbeit so zu gestalten, wie wir es für richtig halten. Wir können unsere Aufgaben kreativ erledigen und anschließend darüber reflektieren – eine Maschine kann das nicht. Wir funktionieren eben nicht nach „Schema F“ und werden nicht per Fernbedienung fremdgesteuert (auch wenn es sich manchmal so anfühlen mag). Wir haben als Mensch einen eigenen, freien Willen. Und die Pausentaste dürfen wir auch regelmäßig drücken.

Wie recht Simeon doch hat! Eine Mutter ist ein Mensch.

Die besten Freuden im Leben
kommen nicht von außen,
sondern aus dem Bewusstsein
unseres Wertes und dessen,
was wir für andere sind.

Clara Blüthgen

Du bist doch nicht irgendwer …

Du bist doch nicht irgendwer, der von irgendwo nach nirgendwo geht. Du bist eine Person, eine einmalige, unverwechselbare, originale und wertvolle Persönlichkeit. Du bist doch keine Nummer, keine Funktion, kein Rädchen in einem Riesengetriebe, keine Ware auf dem Markt der Möglichkeiten, kein Spielball der anderen, kein Ding, sondern ein geliebter Mensch. Dein Wert ist mehr als die Verwertbarkeit, deine Würde mehr als der Marktwert. In den Augen Gottes bist du mehr als die Summe deiner Leistungen und mehr als die Summe deiner Fehler.
Gott lässt dir sagen:

„Ich habe dich bei deinem Namen gerufen; du bist mein! Und weil du in meinen Augen kostbar bist und wertvoll für mich, habe ich dich lieb!“

(vgl. Jesaja 43, 1+4)
Axel Kühner

Identität

In meinen ersten Jahren als Mutter habe ich gemerkt, wie sehr für mich Leistung und Identität zusammenhängen. Im Berufsleben bekommt man ja auch dementsprechend Anerkennung. Als Mutter war das auf einmal anders. Dabei tat mir der Austausch mit anderen Müttern sehr gut, vor allem mit denjenigen, die ehrlich waren. Eine von ihnen, die immer viel gearbeitet hatte, meinte: „Also, vor dem Kind hab ich eigentlich nicht gewusst, was Arbeiten heißt!" Ja, Kinder zu versorgen ist sehr herausfordernd – und das 24 Stunden am Tag und ohne Anspruch auf Urlaub. Ich finde, Mütter leisten täglich Großartiges! Und doch habe ich beschlossen, aus diesem Leistungs-Denken auszusteigen.

Denn meine wahre Identität ist nicht in dem begründet, was ich tue, sondern wer ich bin – vor allem, wer ich vor Gott bin. Er kennt mich, denn Er hat mich geschaffen, hat verschiedene Gaben in mich hineingelegt, damit ich dadurch Ihm die Ehre gebe und anderen diene. Momentan besteht mein Dienst an der Menschheit eben darin, unsere Kinder großzuziehen und andere Mütter dabei zu ermutigen. Erziehung ist ein spannender Prozess – ich gestalte und forme, und werde selbst dabei geformt. Mittlerweile bin ich sehr dankbar für diese Gelegenheit, innerlich zu wachsen und zu reifen. Denn die Dinge, die ich dadurch lerne, lerne ich für mein restliches Leben!

Maria Lang

Eine indische Geschichte erzählt von einem Wasserträger, der jeden Tag aus einer Quelle in zwei großen Töpfen an einem Joch das kostbare Wasser holte. Nun hatte der eine der beiden Töpfe einen Sprung und während des langen Weges tropfte etwas Wasser heraus. Darum lieferte er aus dem einen Topf immer weniger Wasser ab. Nach Jahren des Dienstes tat es dem Topf leid, und er sagte zum Wasserträger: „Wegen meines Sprunges konntest du trotz deiner schweren Arbeit aus mir nie die volle Wassermenge liefern. Dafür möchte ich dich um Verzeihung bitten!" Doch der Wasserträger antwortete dem Topf: „Schau beim nächsten Weg bitte einmal auf den Wegrand auf deiner Seite. Ich wusste um das herauslaufende Wasser und habe darum dort Blumensamen eingesät, und nun schau die herrliche Blumenpracht, die du mit deinem Wasser hervorgebracht hast. So konnte ich all die Jahre wunderschöne Blumen pflücken und meine Familie damit erfreuen."

Axel Kühner

Tochter des Höchsten – Du bist ein Königskind!

Ich liebe Theater. Nicht so sehr das chaotische Theater, das sich oft im Alltag abspielt, eher das Schauspiel auf einer richtigen Bühne. Ab und zu leite ich selbst Theaterkurse. Dort behandeln wir verschiedene Themen des Schauspiels und führen unter anderem sogenannte Status-Übungen durch. Bei diesen Übungen geht es darum, einen bestimmten Status einzunehmen – den Hoch- oder Tiefstatus – und sich dementsprechend zu bewegen und zu verhalten. Schlüpft man beispielsweise in einen Tiefstatus, lässt man die Schultern und den Kopf hängen, bewegt sich nur vorsichtig, spricht mit leiser Stimme und kann dem Blick seines Gegenübers nicht standhalten. Man ist in allem, was man tut, klein, unscheinbar und unsicher. Im Hochstatus dagegen hält man Schultern und Kopf aufrecht, die Stimme ist ruhig und respekteinflößend, die Gesten sind zielgerichtet und ruhig. In Konflikten behält man ganz selbstverständlich die Überhand und ist sich seiner Überlegenheit auf natürliche Weise bewusst. Es ist ein faszinierendes Erlebnis, während dieser Übungen abwechselnd eine Person im Tiefstatus sowie im Hochstatus darzustellen. Dabei nachzuempfinden, wie unterschiedlich sich beide Rollen anfühlen und wie stark sie das Handeln, das Denken und insbesondere das Fühlen beeinflussen. Diese Erfahrung habe ich mit in meinen Alltag genommen.

Vielleicht kennst du sie auch – diese Tage, die dir wie ein Tief erscheinen. An denen in deinem Gemüt dunkle Wolken aufziehen und deine Sicht von Regenschauern getrübt wird. In meinem Leben gibt es diese dunklen Tage. Da fühle ich mich klein, unsicher, schwach und unbedeutend. Da neige ich dazu, an mir

selbst – meiner Person und meinen Fähigkeiten – zu zweifeln und meinen Wert in Frage zu stellen. Auch als Mutter und Frau komme ich mir dann wie eine Versagerin vor und habe meine Fehler in der Erziehung, in der Gestaltung meines Alltags ständig im Blick. Ich nehme unterbewusst einen tiefen Status ein, der sich nicht nur in meiner Gedanken- und Gefühlswelt zeigt, sondern auch in meiner Körperhaltung und in meinem gesamten Verhalten.

In solchen Momenten hilft es mir, innezuhalten. Ich versuche, aus meinem negativen Gedanken-Karussell auszusteigen und halte mir vor Augen, wer ich wirklich bin, welchen Status ich innehabe. Ist es tatsächlich der Tiefstatus, der mich definiert? Ich glaube an Gott und daran, dass er mein himmlischer Vater ist und der König der ganzen Welt. Demnach bin ich seine Tochter – eine Tochter des Höchsten. Ein Königskind. An dunklen Tagen ist es enorm wohltuend, zu sich selbst zu sagen: „Du bist ein Königskind. Du besitzt als Tochter Gottes einen absolut hohen Status." In diesem Bewusstsein darf ich, dürfen wir durch unseren Alltag gehen. Nicht hochnäsig, aber mit hoch erhobenem Kopf und aufrechtem Gang.

Theater

Ich wünsche dir im alltäglichen Theater
ein feines Gespür
für deine Wünsche und Bedürfnisse.
Trau dich, die Hauptrolle deines
Lebens-Drehbuchs zu spielen und
erlaube dir den Luxus
einer eigenen Meinung.

Monika Bylitza

Heilsame Nischen

Ich wünsche dir tägliche Nischen, in denen du bei dir selbst zu Hause sein kannst. Sei dein eigener Gast und begegne deinen Wünschen mit Wohlwollen. Suche Möglichkeiten in Gottes Nähe, um Erlebtes zu vertiefen. Genieße seine liebevolle Zuwendung, wo Heilung notwendig ist. Lass dich im leisen Glauben an Veränderung von ihm berühren.

Monika Bylitza

Bezaubernd

Der Tag
steht vor mir
im schwarzen Frack
und zieht den Zylinder.

Ich bin gespannt,
was er heute
für mich
aus dem Hut zaubert.

Tina Willms

Du musst das Leben nicht verstehen,
dann wird es werden wie ein Fest.
Und lass dir jeden Tag geschehen,
so wie ein Kind im Weitergehen
von jedem Wehen sich viele Blüten
schenken lässt.
Sie aufzusammeln und zu sparen,
das kommt dem Kind nicht in den Sinn.
Es löst sie leise aus den Haaren,
drin sie so gern gefangen waren,
und hält den lieben jungen Jahren
nach neuen seine Hände hin.

Rainer Maria Rilke

Typisch Mama –

Das sagt meine Mama oft

„Hast du dir die Zähne geputzt?“

„Ellbogen vom Tisch!“

„Meine Güte, Gustav!“

„Ich kann nicht hexen!“

„Hast du schon deine Hausaufgaben gemacht?“

„Bist du auch wirklich fertig mit den Hausaufgaben?“

„Setz dich richtig an den Tisch!“

„Mach deinen Teller richtig leer!“

„Willst du mal auf meinen Schoß kommen?“

„Putz dir die Nase!“

„Das kann ich mir jetzt gerade nicht aus dem
Ärmel zaubern!“

Alles unter einen Hut? – Eine Geschichte

Einst lebte eine junge Frau in einem Land, in dem alle Menschen Hüte trugen. Manche Menschen trugen große Hüte, manche kleine und andere mittelgroße. Jeder Hut war einzigartig und jeder Hut wurde von seinem Besitzer mit Stolz getragen. Unter den Hüten befand sich genügend Platz, sodass die Menschen dort Kostbarkeiten aufbewahrten – solche Dinge, die ihnen wichtig waren und die sie stets im Kopf behalten wollten. Nur selten nahmen sie ihre Hüte ab, meist nur, um sich gegenseitig ihre Schätze zu präsentieren oder nachts, wenn sie sich zur Ruhe betteten.

Auch die junge Frau besaß einen Hut, der eigens für sie angefertigt worden war. Auch unter ihrem Hut steckten zahlreiche Gegenstände: ein Ehering, der sie täglich daran erinnerte, ihrem Mann eine gute Ehefrau zu sein; es gab ein Stück Kreide für ihre Arbeit als Lehrerin in der Dorfschule, einen Putzlumpen, um ihr Heim sauber zu halten und einen Kochlöffel für die Zubereitung von Mahlzeiten. Es gab ein Stück Seife für die Pflege des Körpers, eine Bibel für die Pflege der Seele und einen Stapel Bücher für die Inspiration des Geistes.

Als die junge Frau ein Baby zur Welt brachte, kam ein Schnuller dazu; beim zweiten Kind ein kleiner Stoffbär und schließlich, als die Kleinen heranwuchsen, ein leeres Schulheft. Als verantwortungsbewusste Mutter achtete sie darauf, sich den Gaben und Talenten ihrer Kinder angemessen zu widmen, und so beförderte sie einen Fußball, ein Paar Ballettschuhe, eine Flöte und ein Lexikon unter ihren Hut. Da sie immer häufiger an die Pfunde dachte, die sich um ihre Hüfte angesammelt hatten, kamen noch ein Maßband sowie ein Paar Laufschuhe dazu.

Im Laufe der Zeit hatte sich eine stattliche Anzahl von Kostbarkeiten angesammelt. Der Hut, den die junge Frau früher voller Stolz getragen hatte, wurde allmählich zu einer Last. Sein Inhalt erschien ihr mit jedem Tag schwerer. All die kostbaren Dinge ließen sich nur mühsam unter dem Hut halten – oft kullerte ein Gegenstand heraus und landete auf dem Boden.

Der Hut war eindeutig zu klein geworden. Die junge Frau konnte den Druck, den er beständig auf sie ausübte, nur schwerlich ertragen. Wenn sie den Hut in der Nacht abnahm und ihre Kostbarkeiten sorgfältig neben sich ablegte, schmerzten Kopf und Schultern.

Die junge Frau wurde von Tag zu Tag erschöpfter, die Last immer unerträglicher und der Stolz auf den Hut wich schließlich einer tiefen Abneigung gegen ihn. Als sie eines Tages besonders verzweifelt war, klagte sie einer Freundin ihr Leid. „Warum gehst du nicht zum Hutmacher, der deinen Hut angefertigt hat?", entgegnete die Freundin. „Vielleicht weiß er einen Rat und kann dir weiterhelfen."

Also machte sich die junge Frau auf den Weg zum Hutmacher. Der Hutmacher, ein alter Mann mit freundlichen Augen, war gerade damit beschäftigt, einen sehr großen Hut zusammenzuflicken. „Dieser Hut ist genau richtig für mich!", jubelte die Frau. „Meiner passt mir nämlich nicht mehr, müssen Sie wissen. Ich brauche dringend einen größeren!" Hoffnung blitze in ihren Augen auf. „Dann würde endlich wieder alles unter meinen Hut passen und er würde nicht mehr so drücken."

„Ich muss Sie leider enttäuschen, meine Liebe", erwiderte der Hutmacher. „Dieser Hut ist bereits für ein Mädchen bestimmt und passgenau auf ihre Person abgestimmt." Er blickte ihr ins Gesicht. „Wie Ihr Hut übrigens auch. Ich habe ihn für Sie gemacht – ausschließlich für Sie."

„Aber er passt mir nicht!" Die Stimme der jungen Frau klang schrill. „Was soll ich denn nur tun, wenn Sie mir keinen neuen Hut geben möchten? Soll ich etwa damit leben, dass mir ständig Kostbarkeiten auf den Boden fallen, weil unter dem Hut einfach nicht genügend Platz für alles ist? Soll ich es etwa hinnehmen, dass mein Hut drückt und zwickt und viel zu eng sitzt?"

„Eine einfache und endgültige Lösung habe ich nicht, Liebes. Ich möchte Ihnen jedoch ein paar Antworten geben, die Ihnen eine Hilfe sein mögen."

Er fuhr fort: „Es ist so, wie sie sagen – manchmal müssen wir uns damit abfinden, dass sich zu viele Kostbarkeiten unter unserem Hut befinden, dass sie nicht alle darunter passen und wir sie trotzdem für eine Zeit lang tragen oder gar ertragen müssen. Manchmal fällt ein Gegenstand zu Boden, auch das gehört dazu. Aber manchmal gibt es eine andere Möglichkeit: Prüfen Sie, ob Sie tatsächlich alle Dinge benötigen. Vielleicht findet sich ja etwas, was Ihnen einst wichtig war und was Sie heute getrost zur Seite legen können. Sie haben es oft selbst in der Hand, Platz unter ihrem Hut zu schaffen, sich Luft und Leichtigkeit zu verschaffen. Möglicherweise kann die Last unter dem Hut Ihre Schultern aber auch kräftigen. Und Sie merken nach einiger Zeit, dass Sie stärker geworden sind und dass es Ihnen immer leichter fällt, alle Kostbarkeiten zu tragen. Denken Sie jedoch bitte daran, Ihren Hut mitsamt seines Inhalts bisweilen abzunehmen! Man muss den Hut regelmäßig lüften, um einen klaren Kopf zu behalten. Ja, Sie mögen stolz auf Ihren Hut sein und ja, er enthält das, was Ihnen wertvoll ist.
Aber wenn Sie alles ablegen, spüren Sie wieder, wer Sie selbst sind – ohne den Hut. Sie erleben, wie es sich anfühlt, ohne Hut dazustehen – nämlich leichter, freier und unbeschwerter. Meine Liebe, ich wünsche Ihnen von Herzen, dass Sie Ihren Hut bald wieder freudig tragen können."

Die junge Frau bedankte sich bei dem Hutmacher, verabschiedete sich und ging ihres Weges. Lange sann sie über die Worte des alten Mannes nach. Ihren Hut nahm sie dabei ab, denn zum Nachdenken brauchte sie einen klaren und freien Kopf.

Die Arbeit läuft dir
nicht davon, wenn du einem
Kind einen Regenbogen zeigst.
Aber der Regenbogen
wartet nicht, bis du mit
der Arbeit fertig bist.

aus China

NACHGEFRAGT

Alles unter einen Hut bekommen –

Was Mütter dazu sagen …

„Ein sehr hoher Anspruch!“

„Haushalt, Arbeit, Kinder – und dabei gut aussehen ...“

„Das ist der Spagat, den wir als Mamas sooft meistern müssen. Wir haben viele Ideen, Ansprüche, Vorstellungen und Begabungen, müssen aber schauen, was realistisch ist. Denn Ehe, Kinder, Haus, Garten, Freundeskreis, Verwandtschaft, Arbeit, Hobby, Gemeinde ... passen schlecht unter einen alltagsüblichen, realistischen Hut.“

„Dieser Hut und alles, was darunter passen soll, hat viel mit meinen eigenen Ansprüchen zu tun.“

„Das bedeutet Abstriche zu machen, Zugeständnisse und Kompromisse, sich vom Perfektionismus zu verabschieden.“

„Es ist wichtig, Prioritäten zu setzen.“

„Alles unter einen Hut zu bekommen gelingt meistens nur in meinen Träumen ... Aber mit Unterstützung – vom Göttergatten – ist es beinahe zu schaffen.“

Anspruch

Genug
ist zuweilen weniger
als man denkt.

Gut
ist stets alles,
was man mit Liebe tut.

Perfektion
wird man niemals
völlig erreichen.
Und das, was man ist,
ist jederzeit

GUT GENUG.

Vaterunser

Eine kleine Kinderhand
in der großen Hand
des Vaters
geschützt
geborgen
aufgehoben
mich hineingeben
voll Vertrauen
voller Glauben
voller Wärme

wenn du mich auffängst
riskier ich den Sprung
wenn du mich hältst
gehe ich los
wenn du mich magst
kann ich mich mögen
wenn du bei mir bist
was kann mir geschehen?

Andrea Schwarz

Müde Kriegerin

Die Schlacht in der Küche: gewonnen
Den Krieg im Kinderzimmer: eingedämmt
Sie hat den Sieg errungen
über eine Armee an Aufgaben
Triumph!
Knapp war’s, ganz knapp
Die Zeit war ihr Gegner
Der Perfektionismus ihr ärgster Feind
Mit Zweifeln hat sie gerungen
Sich tapfer geschlagen
Nur eine winzige Wunde davongetragen
Nun ist sie müde
Die Kräfte: am Ende
Die Waffen: ruhen, sind niedergestreckt
Doch morgen
beginnt der Kampf von Neuem
Ob sie abermals triumphieren wird?

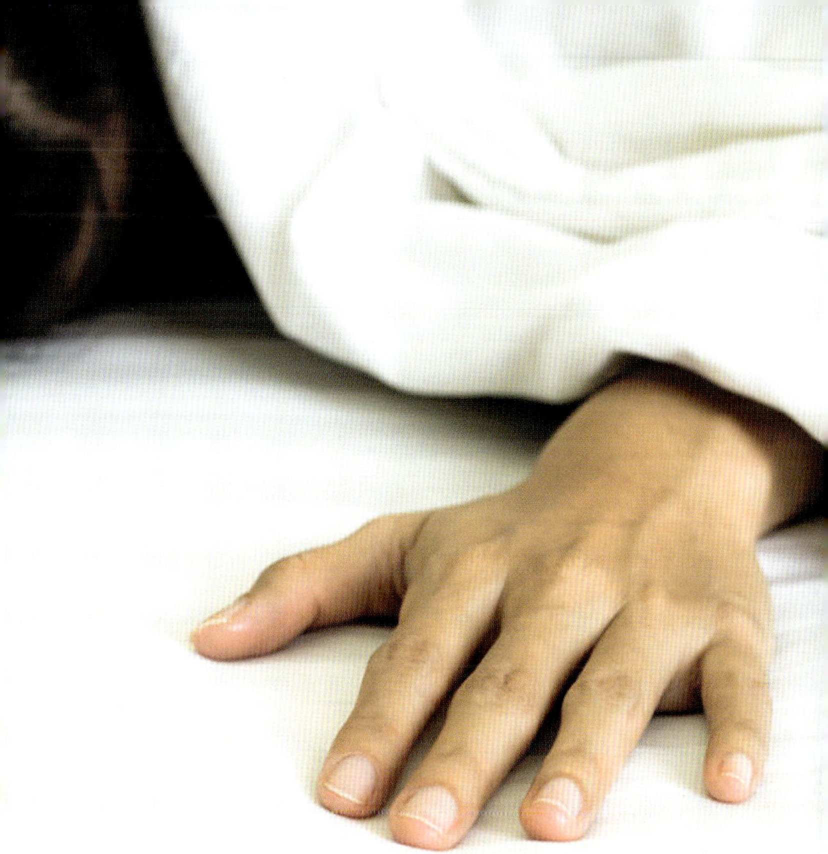

HALT MEINE HAND
UND DANN
SCHLIESS FEST MICH
IN DIE ARME
MÜDE BIN ICH
UND GANZ SCHWACH
VOM
STARKSEIN

Edgar Zeiß

Was sich Mamas für ihren Alltag wünschen

„Mehr Geduld!"

„Eine fröhliche und gute Beziehung zu den Kindern, Ruheoasen mit Jesus, Erziehung mit viel Liebe von Gott und gerechte Entscheidungen."

„Ich wünsche mir mehr Ent-Spannung, mehr Geduld und Weitblick bei der Kindererziehung, Gottes Augen – seinen liebevollen Blick für jedes Kind – und ganz viel Humor."

„Mehr Gelassenheit und Unbekümmertsein."

„Dass ich klare Zeiten für mich, aber auch für jedes Kind persönlich habe; dass ich nicht immer so müde bin und dass ich einen guten Weg finde, meine Kinder zu selbstständigen, dankbaren und sozialen Persönlichkeiten zu erziehen, die Jesus total lieben."

„Mehr Zeit für meinen Sohn, und dann andere Dinge wie Haushalt stehen lassen können."

„Bessere Nerven!"

„Dass mein kleiner Sohn nachts regelmäßiger und besser schläft, dass er gesund bleibt und bewahrt wird auf seinen Entdeckungstouren."

„Weiterhin viele schöne Momente mit der Familie, kleine Auszeiten und Oasen ganz alleine oder mit einer Freundin, und den Blick dafür, durch die Kinder sehr beschenkt zu sein."

„Ein gutes Miteinander in der Familie jeden Tag: liebevolle Kommunikation und Versöhnung nach Streit."

„Eine Putzfee!"

Wunder des Alltags

Manchmal, da habe ich eine Angst.
Manchmal, da habe ich einen Zorn.
Manchmal, da habe ich eine Wut.
Manchmal, da habe ich keine Freude.
Manchmal, da habe ich kein Vertrauen.
Manchmal, da habe ich keinen Mut.
Aber manchmal,
da kommt plötzlich jemand
und fragt mich: „Komm du, geht's dir nicht gut?"

Hans Manz

Täglich

1440 Minuten
werden mir täglich geschenkt …

… zehn Minuten davon will ich
wahrnehmen, was mir unverdient
vor die Füße fällt.

Heute: Mein Lieblingslied im Radio,
eine Freundin, die anruft, Blaumeisen,
die vor dem Fenster turnen.
Erdbeermarmelade auf frischem Brot,
Kinderlachen im Haus, ein Glas
Rotwein am Abend.

Zehn Minuten will ich mir nehmen,
um „Danke“ zu sagen für das, was mich
reich macht und mein Leben erfüllt.

Tina Willms

Mut, Vertrauen, Zuversicht

Herr,
gib mir den Mut,
– der stärker wächst als meine Angst –
das Mögliche heute zu wagen.
Herr,
gib mir das Vertrauen
– das größer wird als meine Verzagtheit –
das Wunderbare hier zu erhoffen.
Herr,
gib mir die Zuversicht,
– die weiter reicht als mein Bedenken –
das Positive jetzt zu sehen.

Kurt Rainer Klein

Du bist grenzenlos,
Gott, in deinen Ansprüchen
genauso wie in deiner Art
zu schenken.
Und ich weiß nicht,
wie mir geschieht:
Mal fühle ich mich winzig
und in der kalten Weite
ausgesetzt,
mal groß, angesehen
und geliebt.
Nimm mich bei der Hand,
Gott,
und überschreite meine
Grenzen mit mir.

Thomas Weiß

Mit Gott im Mama-Alltag

– Mütter berichten

„Jetzt, da ich weiß, wie sehr und bedingungslos ich meine Kinder liebe, bekomme ich eine Ahnung davon, wie sehr Gott mich liebt!"

„Mir ist bewusst, dass ich nicht perfekt bin und auf Gottes Hilfe in der Erziehung und Beziehung zu meinem Kind angewiesen bin. Ich weiß auch, dass Gott meine Mängel gegenüber meinem Sohn ausbügelt."

„Ich freue mich darüber, dass ich die Kinder jeden Tag an Gottes Herz legen kann und er mit seinem Schutz bei ihnen ist. Außerdem finde ich die Gespräche mit den Kindern über den Glauben sehr schön und staune über die kindliche Art zu glauben, aber auch über die teilweise echt schwer zu beantwortenden Fragen."

„Besondere Gottesmomente als Mutter erlebe ich, wenn die Kinder beten."

„Ich fühle mich frei und geliebt in Bezug auf Gott – egal, was und wieviel ich mache. Dieses Bewusstsein hat sich noch vertieft in meiner Zeit als Mama."

„Es gibt diese Momente, in denen ich verzweifeln könnte und dann nur noch bete: ‚Herr, hilf mir!' "

„Die Beziehung zu Gott hat sich durch meine Mutterrolle insofern verändert, dass ich seine Liebe zu mir besser verstehen lerne. Seine Geduld und Ausdauer, seine Treue und Barmherzigkeit sind für mich nicht mehr so abstraktes Kopfwissen. Ich empfinde sie im Alltag viel realer."

„Immer dann, wenn ich komplett erschöpft bin und nicht mehr kann, bitte ich Gott darum, dass er sich jetzt um meine Kinder – die ja auch seine sind – kümmern soll, weil ich es in dem Moment nicht kann."

„Besondere Gottesmomente erlebe ich, wenn meine Kinder sich freuen und das ausdrücken. In der Freude erlebe ich Gott, aber auch in den Alltagsnöten, wenn wir gemeinsam darüber sprechen und beten können. In Zeiten der Vergebung ist es schön zu erleben, wie meine Kinder mir meine Unzulänglichkeiten vergeben, so wie ich ihre immer wieder vergebe."

Du kommst mir zuvor

Ich machte mich auf den Weg zu dir,
doch schon sah ich: Du kamst mir entgegen.

Ich wollte dir sagen: Ich liebe dich,
doch schon hörte ich dich flüstern:
Du bist mir lieb.

Ich wollte dich um Vergebung bitten,
doch ich erfuhr, du hattest mir längst
vergeben.

Ich wollte dich „Vater“ nennen,
doch ich hörte dich rufen: „Mein Kind!“

Ich verlangte danach, in dir zu leben,
doch ich entdeckte: Du lebtest in mir.

Mein Gott, ich werde nie der Erste sein.
Liegt darin mein Glück verborgen?
Du kommst mir immer zuvor,
um mir nachzugehen.

Maria Otto und Ludger Hohn-Morisch

Man hat keine wichtigere Verbündete auf dieser Welt als seine Mutter

unbekannt

Von Mutter zu Mutter

Bewunderung

Liebe Freundin, vielleicht wunderst du dich,
wenn ich dir sage: „Ich bewundere dich."
Bewundre die Art, wie du Mutter bist
und dabei nie deine Kreativität vergisst,
mit bunten Ideen den Alltag ausschmückst,
mal wohldurchdacht, mal ziemlich verrückt.
Du hältst dich für eine gewöhnliche Frau,
doch wenn ich mir deine Kinder anschau',
dann denke ist stets: „Die sind wunderbar,
großartig gelungen vom Fuß bis zum Haar!"
Du bist es, die sie durchs Leben führt,
die sie begleitet, versorgt und erzieht.
Du zeigst ihnen täglich, was Liebe ist,
machst auch mal Fehler, weil niemand perfekt ist.
Und dass deine Kinder so liebenswert sind,
das ist zum größten Teil dein Verdienst.
Ich ziehe vor dir meinen Hut,
du machst deinen Mamajob mehr als gut!
Vielleicht wunderst du dich nun nicht mehr,
wenn ich dir sage: „Ich bewundre dich sehr."

für Debbie

Weltbeste Mama

Die weltbeste Mama – das bist DU.
Für deine Kinder bist DU die beste
Mama, die es gibt auf der Welt.
Niemand kennt deine Kinder so gut
wie du.
Niemand versteht sie so sehr wie du.
Niemand sorgt sich so um ihr
Wohlergehen.
Niemand liebt sie dermaßen
bedingungslos.
Niemand würde für sie durchs
Feuer gehen.
Die weltbeste Mama – das bist DU.
Für deine Kinder bist DU
die beste Mama,
die es gibt auf der Welt.

Ich habe meine Mama lieb

„… weil sie mich tröstet, weil sie sich um mich sorgt, weil sie meine Wäsche macht und weil sie für mich kocht und weil sie mir Mut macht und weil sie einfach da ist."
(Paul, 10 Jahre)

„… weil sie immer für mich sorgt und da ist, wenn ich Angst habe."
(Nick, 10 Jahre)

„… weil sie eine wunderschöne und wunderbare Vertrauensperson ist, die mich ganz doll liebt!"
(Lilli, 11 Jahre)

„… weil sie immer bei mir ist und mir hilft."
(Hanna, 8 Jahre)

„… weil sie auf mich aufpasst. Und weil sie dafür sorgt, dass wir zu essen und zu trinken haben, frische Kleidung bekommen und Taschengeld."
(Max, 8 Jahre)

„… weil sie so lieb ist und weil sie meine Mama ist."
(Louis, 10 Jahre)

Mama-Marathon?

Ich bin gerne Mutter. Ich liebe es, Zeit mit meinem Sohn zu verbringen und mache mir gerne kreative Gedanken über die Erziehung. Ich liebe mein Kind von den Haarspitzen bis zu den Fußsohlen. Doch es gibt Phasen (und die gibt es erstaunlich oft), da kommt mir das Mama-Sein wie ein Langstreckenlauf vor – mühsam, zäh und unendlich anstrengend. Und leider bin ich keine geübte Läuferin, von „durchtrainiert" ganz zu schweigen. Viel zu schnell geht mir die Puste aus und beim Laufen bergauf klingt meine Atmung wie das Hecheln eines Hundes. Meine Beine scheinen bereits nach einer kurzen Strecke aus Wackelpudding zu bestehen und mein Kopf ähnelt farblich einer überreifen Tomate. Da bleibt mir nichts anderes übrig, als sehr regelmäßig und sehr diszipliniert eine Pause einzulegen. Auch einen Berggipfel kann ich nur erreichen, wenn ich mein Tempo drossle und mich Schritt für Schritt vorwärtskämpfe. Sonst verlassen mich meine Kräfte. Sonst mache ich schlapp und muss den Lauf möglicherweise abbrechen. Also lieber Rastzeiten einplanen. Kräfte einteilen. Zu Atem kommen. Langsam weitergehen. Durchhalten. Die Augen auf das Ziel richten. Und irgendwie schaffe ich es dann.

Wenn man – beziehungsweise Mama – sich an diesen Grundsätzen orientiert, dann läuft's mit dem Mama-Marathon. Oder?! Nun ja, meistens jedenfalls. Die Herausforderung ist jedoch, sich die nötigen Atempausen und Auszeiten auch tatsächlich zu gönnen, und zwar bevor die Energie völlig aufgebraucht ist. Ich habe bei meinem Langstreckenlauf als Mama so manche Zwangspause einlegen müssen, weil ich einfach nicht mehr weiterkonnte. Heute versuche ich, ausreichend Pausen in meinen Tagesablauf einzubauen und diese einzuhalten. Ich achte darauf, nicht schon im Vorfeld alle meine Ressourcen zu verplanen. Das lässt sich manchmal gut umsetzen, an anderen Tagen wiederum weniger gut. Ich habe aber gute Erfahrungen damit gemacht, mir gezielt zu überlegen, wie ich freie Zeiten gestalten möchte. Mit welchen Aktivitäten möchte ich sie ausfüllen? Oder möchte ich gar nicht aktiv sein, einfach nur die Füße hochlegen und ruhen? Was dient mir zur Entspannung, was tut mir gut?

Hin und wieder meldet sich das schlechte Gewissen – obwohl es bei diesem Thema eigentlich keinerlei Redeberechtigung hat. Es meint mir dann einreden zu müssen: „Du bist doch bloß faul! So viel Arbeit um dich herum und du machst es dir auf der Couch bequem! Wenn du deine Arbeit jetzt unterbrichst, wirst du nie damit fertig!“ Diese Selbstvorwürfe sind mir wohlbekannt. Doch mir hilft es, meiner inneren Stimme darauf mit klaren Worten zu entgegnen: „Faul? Pah! Jede Arbeitnehmerin hat das Recht auf eine Pause. Eine dreißigminütige Unterbrechung alle sechs Stunden ist sogar gesetzlich vorgeschrieben. Jawohl! Und je länger ich die Pause jetzt hinauszögere, umso müder werde ich – und dann kann ich später vor lauter Erschöpfung gar nicht mehr weiterarbeiten. Pausen geben Power! Jawohl!“

Also, liebe Mütter, lasst uns durchhalten beim Mama-Marathon!

Aber bitte mit Pause!

Die Langsamkeit bietet die Chance, das, was wir tun, auch zu erleben.

Henriette Hanke

Der Holzfäller

Es war einmal ein Holzfäller, der bei einer Holzgesellschaft um Arbeit vorsprach. Das Gehalt war in Ordnung, die Arbeitsbedingungen verlockend, also wollte der Holzfäller einen guten Eindruck hinterlassen.
Am ersten Tag meldete er sich beim Vorarbeiter, der ihm eine Axt gab und ihm einen bestimmten Bereich im Wald zuwies. Begeistert machte sich der Holzfäller an die Arbeit. An einem einzigen Tag fällte er achtzehn Bäume. „Herzlichen Glückwunsch“, sagte der Vorarbeiter. „Weiter so.“

Angestachelt von den Worten des Vorarbeiters, beschloss der Holzfäller, am nächsten Tag das Ergebnis seiner Arbeit noch zu übertreffen. Also legte er sich in dieser Nacht früh ins Bett. Am nächsten Morgen stand er vor allen anderen auf und ging in den Wald. Trotz aller Anstrengung gelang es ihm aber nicht, mehr als fünfzehn Bäume zu fällen.

„Ich muss müde sein“, dachte er. Und beschloss, an diesem Tag gleich nach Sonnenuntergang schlafen zu gehen. Im Morgengrauen erwachte er mit dem festen Entschluss, heute seine Marke von achtzehn Bäumen zu übertreffen. Er schaffte noch nicht einmal die Hälfte.

Am nächsten Tag waren es nur sieben Bäume, und am übernächsten fünf, seinen letzten Tag verbrachte er fast vollständig damit, einen zweiten Baum zu fällen.

In Sorge darüber, was wohl der Vorarbeiter dazu sagen würde, trat der Holzfäller vor ihn hin, erzählte, was passiert war, und schwor Stein und Bein, dass er geschuftet hatte bis zum Umfallen.

Der Vorarbeiter fragte ihn: „Wann hast du denn deine Axt das letzte Mal geschärft?“
„Die Axt schärfen? Dazu hatte ich keine Zeit, ich war zu sehr damit beschäftigt, Bäume zu fällen.“

Jorge Bucay

Wie Mütter Atempausen im Alltag gestalten

„Wenn ich nicht morgens früh zur Arbeit fahren muss, setze ich mich für ein paar Minuten – nachdem alle aus dem Haus sind – ins Wohnzimmer, lese einen Miniabschnitt in der Bibel und bete für meine Familie, den Tag und meine Jobs als Mama und Ehefrau. Nach dem Mittagessen und einer aufgeräumten Küche schicke ich die Kinder in ihre Zimmer in die Mittagspause oder zum Hausaufgabenmachen, dann habe ich etwa 30 Minuten Ruhe und Zeit für mich."

„Ich bin schon froh, wenn es im Alltag mal Zeit ohne Kinder gibt, und ich in diesem Moment dann die Gelegenheit beim Schopf ergreife und mich in meinen Hof setze oder ein kleines Nickerchen mache."

„Was mir guttut, sind Hängemattenzeiten, wo meine Seele, mein Geist auftanken können. Erleben kann ich sie in stillen Zeiten mit Gott, beim Lesen, beim Sport, in der Schönheit der Natur oder auch in persönlichen Begegnungen mit Freunden."

**Überleg dir für jeden Tag
eine Freude,
du hast sie dir
verdient.**

John Henry Newman

Kuschelecken

Ich wünsche dir für jeden Tag
Kuschelecken, wo du dich ohne
Verpflichtung fallen lassen kannst.
Erlaube dir regelmäßig ein ausgiebiges
Faulenz-Erleben und schwelge in glanzvollen
Erinnerungen. Hier muss Zeit keine Rolle spielen
und du darfst wunderbar
sorglos sein.

Monika Bylitza

Gedankenflug

Gelegentlich abheben,
den Träumen trauen,
sie als Aufwind
unter den Gedanken spüren.

Sich tragen lassen,
hoch hinaus,
und später beflügelt
im Alltag landen.

Tina Willms

Frischer Wind

Ich bin viel zu alt für so was, dachte ich, als ich in forschem Galopp über die Wiese ritt. Es war ein schöner Frühlingstag in Georgia, ungewöhnlich kühl und schön. Ich hatte die seltene Gelegenheit beim Schopf gepackt, in der Zeit, in der meine Tochter im Kindergarten war, mich zum Haus einer Freundin davonzustehlen und mein neues Pferd Blackjack zu reiten. Obwohl ich nervös war, empfand ich eine Begeisterung wie schon seit Jahren nicht mehr.

Wie viele Frauen mit kleinen Kindern auch, hatte ich meine Hobbys erst einmal beiseitegestellt, als die Kinder kamen. Als sie dann eines Tages alle aus den Windeln waren, wurde mir zu meinem großen Schrecken klar, dass ich *kein einziges* Hobby mehr hatte. Da fragte mich meine Freundin, ob ich nicht Lust hätte, mit ihr reiten zu gehen. Ich ergriff diese Chance sofort, weil ich schon seit meiner Teenagerzeit eine echte Pferdenärrin war und eigentlich auch immer eine Möglichkeit zum Reiten gesucht hatte. Der gemeinsame Ausritt mit meiner Freundin an dem besagten Tag war absolut fantastisch.

Gar nicht lange danach erwarb ich dann mithilfe meines Mannes einen etwas älteren, störrischen Zotten namens Blackjack und versuchte, das Reiten wieder in meinen Alltag einzuplanen.

Während dieser ersten paar Ritte merkte ich schnell, dass es den Teenager, der gerne schnell geritten war und es geliebt hatte, auf einem buckelnden Pferd über die Weide zu galoppieren, nicht mehr gab. Ich war richtig ängstlich geworden und geradezu zwanghaft von der Vorstellung beherrscht, was passieren könnte, wenn ich vom Pferd herunter auf den Kopf fiele. Außerdem fiel es mir schwer, mir einfach Zeit nur für mich selbst und mein Hobby zu nehmen. Ich hatte dabei irgendwie das Gefühl, nicht produktiv genug oder gar egoistisch zu sein.

Aber als ich dann an manchen Nachmittagen kurze Ausritte unternahm, fand ich einen Teil von mir selbst wieder, der irgendwo ganz tief nach unten gestopft worden war. Ich gewann langsam mein Selbstvertrauen zurück und begann, mich wieder lebendiger zu fühlen. Mein Mann und meine Kinder bekamen eine andere, lustigere Seite von mir zu sehen, und heute begleiten sie mich oft auf meinen Ausritten.

Ich habe gelernt, dass Mütter von kleinen Kindern sich die Zeit nehmen müssen, an die frische Luft zu gehen und tief durchzuatmen, um Dinge wiederzuentdecken, die sie früher leidenschaftlich gern getan haben. Wenn wir uns dafür die Zeit nehmen, wird es uns letztlich glücklicher und zufriedener machen, uns mehr Selbstvertrauen geben, und dadurch werden wir auch liebevollere Mütter sein können.

Leigh Ann Falconer

Nervennahrung – Was Müttern gut tut

„Schöne Musik."

„Sportzeiten, bei denen ich mich auf mich konzentrieren muss."

„Gartenarbeit, ganz allein und in Ruhe."

„Ein leckeres Eis."

„Zeit mit Freunden beim Wein und Gesprächen verbringen."

„Ein gutes Buch."

„Schokolade!"

„Einkaufsbummel in der Stadt."

„Alleine mit dem Hund spazieren gehen."

„Mädels-Abende!"

„Sonnenschein genießen."

„Einen Psalm lesen."

„Zweisamkeit mit meinem Mann."

„Meine Lieblingssendung im TV anschauen."

„Sport- und Sauna-Tag einmal in der Woche."

„Ausruhen, wenn das Baby seinen Mittagsschlaf macht."

„Eine leckere Mahlzeit genießen, die nicht von mir gekocht wurde."

„Alleine sein."

„Ein Schnäppchen auf dem Trödelmarkt finden."

„Gedanklich in den Urlaub fahren – oder tatsächlich an Orte von Schönheit reisen."

„Eine interessante Zeitschrift zum Blättern."

„Ein Frühstück im Café mit einer Freundin."

„Zeit mit Jesus – im Sommer auf der Terrasse mit Bibel, Tagebuch und Cappuccino."

„Einmal im Jahr mit Freundinnen nach Holland fahren."

„Himbeerquark mit Schokostreuseln."

„Einen Film anschauen, der zum Heulen schön ist."

Highlights im Alltag

Ich wünsche dir zahlreiche Stunden, in denen du deinen Alltag schnell und ganz weit zurücklassen kannst – Highlights mit eindrucksvollen, unverfälschten und kraftvollen Augenblicken. Entdecke wunderbare Orte, an denen du plötzlich und intuitiv begreifst, dass du gewollt bist und getragen wirst von Gottes Liebe.

Monika Bylitza

Genussmomente

Ich wünsche dir viele Tage, an denen du Genuss-Entscheidungen treffen darfst: Kakao oder Cappuccino, Sauna oder Fitness-Studio, Kino oder Café? Erlebe Genuss-Momente voller anerkennendem Lächeln, in denen Fehler und Missstimmungen leise werden. Lache über verrückte Wünsche – sie machen das Leben fröhlich und lebenswert.

Monika Bylitza

Das wünsch' ich dir, Mama!

„Ich wünsche dir, dass du immer gesund bleibst."
(Joelle, 8 Jahre)

„Ich wünsche dir, dass du nicht so viel Stress hast und dass du ein langes Leben hast."
(Paul, 10 Jahre)

„Ich wünsche dir einen schönen Urlaub."
(Anton, 5 Jahre)

„Ich wünsche dir, dass du keine Migräne mehr hast."
(Nick, 10 Jahre)

„Ich wünsche dir, dass du glücklich bleibst."
(Jacob, 10 Jahre)

„Ich wünsche dir, dass du sehr viele Erlebnisse mit Gott hast, dass du mit dem (Baby) Levi klarkommst und er nicht geklaut wird, und dass unser Haus nie in Brand stehen wird."
(Max, 8 Jahre)

„Ich wünsche dir, dass du im Alter noch fit und fröhlich bleibst. Und dass du weißt, dass du was Besonderes bist."
(Louis, 10 Jahre)

Von Kopf bis Fuß –

Ein Segen für Mütter

Gott segne dich von Kopf bis Fuß.

Gott segne deine Augen.

Er lasse dich die Schönheiten und kleinen Wunder des Lebens entdecken Tag für Tag. Mögest du jeden Lichtstrahl erblicken, der sich durch die Wolken bricht und möge dein Blick stets auf das Gute gerichtet sein.

Gott segne deine Ohren.

Er helfe dir dabei, wohlklingende Töne von Misstönen zu unterscheiden und Zwischentöne wahrzunehmen. Mögen viele Melodien für dich erklingen, die dein Herz in Schwingung versetzen und deinen Geist zum Tanzen bringen.

Gott segne deinen Mund.

Er schenke dir Worte, die wahrhaftig sind und heilsam; Worte, mit denen du Ja sagst zu deinem Kind und doch die nötigen Grenzen setzt. Möge ein Lachen entspringen aus deinem Mund an jedem Tag und mögest du viele Momente erleben, die ein Lächeln auf dein Gesicht zaubern.

Gott segne deine Gedanken.

Er gebe dir Klarheit und Gelassenheit bei allen Entscheidungen, die zu treffen sind – ob sie nun klein sind oder groß. Möge dein Denken durchdrungen sein von Annahme, Zuversicht und Vertrauen.

Gott segne dein Herz.

Er fülle es mit Liebe und mit Frohsinn. Er hülle dein Herz ein in seinen Frieden und umgebe es mit himmlischem Schutz. Mögest du allezeit spüren, wie sehr du geliebt wirst – als Tochter, als Mutter, als Freundin und Frau.

Gott segne deinen Rücken.

Er gebe dir den Mut und die Entschlossenheit, überflüssige Lasten

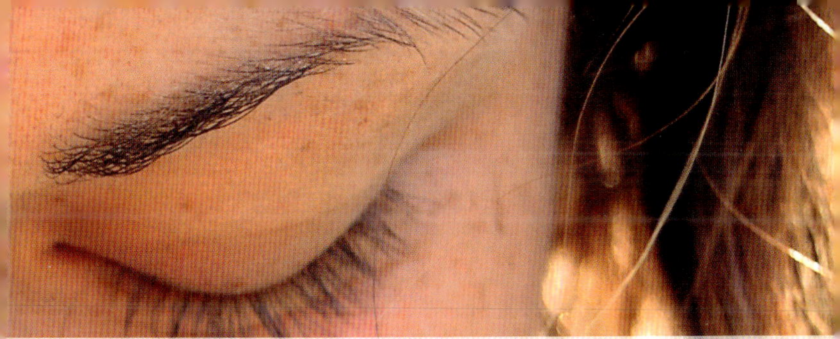

abzulegen und lästige Bürden hinter dir zu lassen. Mögen deine Schultern mit jeder bewältigten Last stärker und dein Rücken durch Schweres belastbarer werden.

Gott segne deine Arme.
Er gebe dir die Kraft, dein Kind aufzufangen, in deinen Armen zu halten und zu tragen, wenn es nicht mehr weiterkann. Möge immer ein starker Arm für dich da sein, in den du dich bergen kannst und der dich sanft umschließt.

Gott segne deine Hände.
Er schenke dir Freude und Kreativität bei allem, was du tust und anpackst – damit du mit deinen Händen Herzen berührst. Mögen deine Hände stets geöffnet sein, um die Geschenke des Lebens entgegenzunehmen.

Gott segne deinen Schoß.
Er schenke dir Zeit und Ruhe, dein Kind liebevoll auf deinem Schoß zu empfangen. Möge es jederzeit einen Ort für dich geben, an dem du tiefe Geborgenheit und Trost erfährst.

Gott segne deine Füße.
Er bewahre jeden deiner Schritte und zeige dir den Weg, der für dich der richtige ist. Mögest du regelmäßig die Gelegenheit finden, Atem zu holen, zu rasten und deine Füße hochzulegen.

Gott segne deine Beine.
Er rüste dich aus mit Energie und Ausdauer für deinen Weg. Mögest du Berge besteigen, Gipfel erklimmen und Mauern mutig überspringen können.

So segne dich der große Gott,
der dich gemacht hat und der dich liebt.
Von Kopf bis Fuß.

Ich sage Danke

Ich bedanke mich herzlich beim Mitarbeiterteam der Neukirchener Verlagsgesellschaft für das Vertrauen, das mir von Anfang an entgegengebracht wurde. Danke für die wunderbare Zusammenarbeit! Vielen Dank, liebe Frau Atkinson, dass Sie mir mit Rat und Tat zur Seite gestanden und all meine Fragen so geduldig beantwortet haben. Ich schätze es sehr, dass man sich immer auf Sie verlassen kann.

Ein dickes Dankeschön geht an Antje, Calo, Debbie, Gaby, Hema, Judith, Katja, Larena, Miriam, Sandra, Simone, Steffi und Swetlana. Danke für eure Unterstützung und eure Offenheit! Ihr seid super, und ich bewundere euch – als Frauen und als Mamas.

Vielen, vielen Dank auch euch: Anton, Carla, Hanna, Jacob, Joelle, Lilli, Louis, Max, Nick, Paul und Simeon! Danke, dass ihr mir so viel Schönes, Lustiges und Liebenswertes über eure Mütter erzählt habt! Durch euch ist das Buch noch viel bunter geworden. Jeder von euch ist ein Schatz – eure Mamas und Papas können wirklich stolz auf euch sein!

Ich danke von Herzen meinen Eltern Wolfgang und Cornelia Vreemann fürs Rückenstärken, Beten und Dasein trotz größerer Entfernung. Danke, dass euer Haus uns jederzeit offen steht und ihr uns immer mit offenen Armen empfangt. Danke für euer großes Herz! Ihr seid zwei ganz liebenswerte und wertvolle Menschen.

Natürlich möchte ich meinen beiden Herzensmännern Daniel und Noah ganz herzlich Danke sagen – ohne euch wäre ich keine Mutter. Danke, Daniel, für deine beständige Liebe und unerschütterliche Treue! Hab Dank fürs Testlesen und für die konstruktive Kritik. Danke, dass du unserem Sohn ein großartiger Papa bist. Noah, ich bin so gerne deine Mama! Ich genieße unsere vielen tiefsinnigen und humorvollen Gespräche, das gemeinsame Lachen und die schönen Lesestunden, die wir oft zusammen verbringen. Danke, dass du immer ehrlich bist und danke, dass du mir vertraust. Ich habe euch beide lieb von Kopf bis Fuß!

Und dir, lieber Leserin, danke ich, dass du dir Zeit genommen hast, dieses Buch zu lesen!

Quellenverzeichnis

Wir haben uns bemüht, alle Rechteinhaber ausfindig zu machen und zutreffend zu benennen. Wir bitten um Kontaktaufnahme zur Neukirchener Verlagsgesellschaft, sollten Rechte nicht oder nicht zureichend angegeben sein.

Jorge Bucay, Der Holzfäller, in: ders., Komm, ich erzähl dir eine Geschichte. © S. Fischer Verlag GmbH, Frankfurt a.M. 2007, S. 126-127
Monika Bylitza, Highlights im Alltag, in: dies., Wunschworte. © Neukirchener Verlagsgesellschaft mbH, Neukirchen-Vluyn 2015, S. 18
Monika Bylitza, Genussmomente, in: dies., Wunschworte. © Neukirchener Verlagsgesellschaft mbH, Neukirchen-Vluyn 2015, S. 19
Monika Bylitza, Heilsame Nischen, in: dies., Wunschworte. © Neukirchener Verlagsgesellschaft mbH, Neukirchen-Vluyn 2015, S. 27
Monika Bylitza, Kuschelecken, in: dies., Wunschworte. © Neukirchener Verlagsgesellschaft mbH, Neukirchen-Vluyn 2015, S. 44
Monika Bylitza, Theater, in: dies., Wunschworte. © Neukirchener Verlagsgesellschaft mbH, Neukirchen-Vluyn 2015, S. 90
Elizabeth David, Möglichkeit eines Wunders, in: Greta Barth (Hg.), Kluge Frauen verändern die Welt. © Coppenrath Verlag GmbH & Co. KG, Münster 2015
Anthony de Mello, Mutter oder Freundin, in: ders., Warum der Schäfer jedes Wetter liebt. Weisheitsgeschichten. © Verlag Herder GmbH, Freiburg i. Br. 2007, S. 123
Leigh Ann Falconer, Frischer Wind, in: Elisa Morgan (Hg.), Für die beste Mama der Welt. Geschichten von Müttern für Mütter. © Gerth Medien GmbH, Asslar 2009, S. 163-164
Ellen Goodman, Heldentaten, in: Greta Barth (Hg.), Kluge Frauen verändern die Welt. © Coppenrath Verlag GmbH & Co. KG, Münster 2015
Kurt Rainer Klein, Mut, Vertrauen, Zuversicht, in: Georg Schwikart, Ein Gebet für jeden Tag. © Verlag Herder GmbH, Freiburg i. Br. 2010, S. 32
Axel Kühner, Du bist doch nicht irgendwer, in: ders., Voller Freude und Gelassenheit. 365 Andachten. © Neukirchener Verlagsgesellschaft mbH, Neukirchen-Vluyn 2015, S. 13
Axel Kühner, Auch mit einem Sprung in der Schüssel wertvoll, in: ders., Voller Freude und Gelassenheit. 365 Andachten. © Neukirchener Verlagsgesellschaft mbH, Neukirchen-Vluyn 2015, S. 23
Maria Lang, Identität, in: dies., Einmal auftanken bitte! 52 Atempausen für Mütter. © Neukirchener Verlagsgesellschaft mbH, Neukirchen-Vluyn 2015, S. 10-11
Hans Manz, Wunder des Alltags, in: Rita Harenski (Hg.), Zauberwort. Die schönsten Gedichte für Kinder aus vier Jahrhunderten. © Arena Verlag GmbH, Würzburg 2004, S. 57
Maria Otto / Ludger Hohn-Morisch, Du kommst mir zuvor, in: Georg Schwikart, Ein Gebet für jeden Tag. © Verlag Herder GmbH, Freiburg i. Br. 2010, S. 402
Jessica Potter, In freudiger Erwartung, in: Elisa Morgan (Hg.), Für die beste Mama der Welt. Geschichten von Müttern für Mütter. © Gerth Medien GmbH, Asslar 2009, S. 60-61
Andrea Schwarz, Vaterunser, in: Georg Schwikart, Ein Gebet für jeden Tag. © Verlag Herder GmbH, Freiburg i. Br. 2010, S. 45
Regina Schwarz, DU, in: Rita Harenski (Hg.), Zauberwort. Die schönsten Gedichte für Kinder aus vier Jahrhunderten. © Arena Verlag GmbH, Würzburg 2004, S. 15
Albert Schweitzer, Zitat, Das einzig Wichtige im Leben, gefunden auf www.zitate-online.de, Weblink: http://www.zitate-online.de/literaturzitate/aphorismen/16186/das-einzig-wichtige-im-leben-sind-die-spuren.html
Jürgen Spohn, ICH, in: Rita Harenski (Hg.), Zauberwort. Die schönsten Gedichte für Kinder aus vier Jahrhunderten. © Arena Verlag GmbH, Würzburg 2004, S.130
Dirk von Nayhauss, Dinge passieren, weil sie passieren sollen. Oder eben nicht, Schauspieler Matthias Brandt über Liebe und Gefühl. © chrischmon.de, Juni 2016, Weblink: http://chrismon.evangelisch.de/artikel/2016/32287/schauspieler-matthias-brandt-ueber-liebe-und-gefuehle
Thomas Weiß, Du bist grenzenlos, Gott, in: Georg Schwikart, Ein Gebet für jeden Tag. © Verlag Herder GmbH, Freiburg i. Br. 2010, S. 309
Tina Willms, Bezaubernd, in: dies., Am Wegrand: ein Wunder. Mit offenen Sinnen durch das Jahr. © Neukirchener Verlagsgesellschaft mbH, Neukirchen-Vluyn 2016, S. 10
Tina Willms, Täglich, in: dies., Am Wegrand: ein Wunder. Mit offenen Sinnen durch das Jahr. © Neukirchener Verlagsgesellschaft mbH, Neukirchen-Vluyn 2016, S. 15
Tina Willms, Gedankenflug, in: dies., Am Wegrand: ein Wunder. Mit offenen Sinnen durch das Jahr. © Neukirchener Verlagsgesellschaft mbH, Neukirchen-Vluyn 2016, S. 25
Edgar Zeiß, Halt meine Hand, in: ders., Kopfwerk – Handwerk – Herzwerk. © Verlag der Ferber'schen Universitätsbuchhandlung Gießen 2013, S. 28